Marc-Wilhelm Kohfink

Bienenprodukte erfolgreich verkaufen

Marc-Wilhelm Kohfink

Bienenprodukte erfolgreich verkaufen

32 Farbfotos

3 Zeichnungen

14 Tabellen

Ulmer

Inhaltsverzeichnis

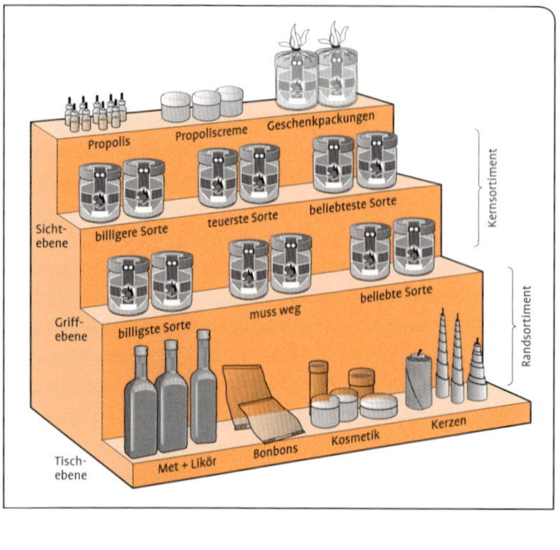

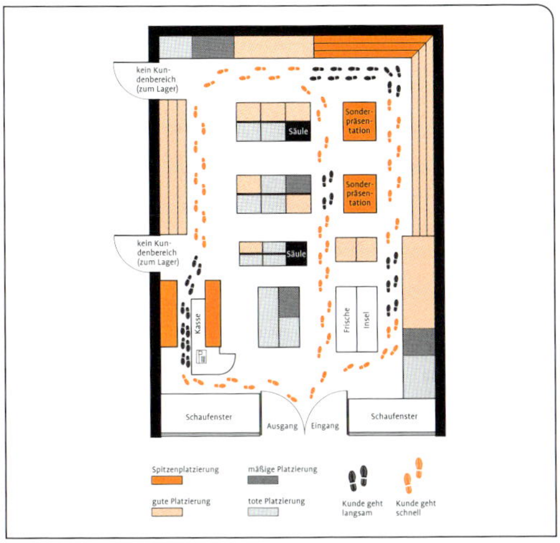
kein Kundenbereich (zum Lager)
Sonderpräsentation
Säule
Sonderpräsentation
kein Kundenbereich (zum Lager)
Säule
Kasse
Frische
Insel
Schaufenster
Ausgang
Eingang
Schaufenster
Spitzenplatzierung
mäßige Platzierung
gute Platzierung
tote Platzierung
Kunde geht langsam
Kunde geht schnell

Vorwort: Verdienen Sie mehr mit Ihrer Imkerei

Der Fleiß unserer Bienen ist sprichwörtlich. Als Imker stehen Sie sicher Ihren eifrigen Sammlerinnen in nichts nach. Vom Auswintern im April bis zum Einfüttern im September kümmern Sie sich mit Hingabe um Ihre Tiere. Diese danken es Ihnen mit reichlich Honig, Wachs und Propolis.

So richtig rund wird Ihr Hobby oder Nebenerwerb aber erst, wenn dieser Fleiß auch gewürdigt wird. Wenn Sie von den Käufern Ihrer Imkereiprodukte also nicht nur lobende Worte hören, sondern diese auch einen der Mühe angemessenen Preis bezahlen.

Gut zu wissen

Stimmt der Preis Ihrer Produkte, haben Sie die Mittel, um

- sich modernes Imkereigerät zu leisten, beispielsweise die Edelstahlschleuder, von der Sie schon immer geträumt haben.
- Ihre Bienen in dichte Beuten umquartieren zu können, die nicht klemmen oder verrutschen.
- die von Ihnen genutzten Räume von Grund auf zu renovieren und umzubauen.
- unabhängig von öffentlichen Fördermitteln zu werden.

Das Beste daran aber ist, Sie müssen sich vor niemandem mehr wegen all dieser Ausgaben und Investitionen verantworten, denn Ihre Bienen und Sie sind in der Lage, all dies selbst zu finanzieren.

Vom Hobby zum Beruf

Die Voraussetzung dafür ist, dass Sie die Produkte Ihrer Bienen gewinnbringend verkaufen. Darum habe ich dieses Buch geschrieben. Ich selbst habe mir vor einigen Jahren für 75 € mein erstes Bienenvolk und für 300 € eine imkerliche Grundausstattung gekauft. Nach dieser bescheidenen Anfangsinvestition haben meine Bienen und ich alles Weitere selbst erarbeitet. Ohne einen erneuten Griff in die familiäre Haushaltskasse habe ich meine Imkerei nach und nach zur Erwerbsimkerei ausgebaut und mein anfängliches Hobby zum Beruf gemacht. Das ist mir nur deshalb gelungen, weil ich für meine Imkereiprodukte begeisterte Kunden gefunden habe. Sie wissen, dass gute Ware ihren Preis hat.

Manche Imker verkaufen nur, um Platz für die nächste Ernte zu schaffen, nach dem Motto: Hauptsache verkauft! Die Imkerpresse

Tipp
Egal, was Sie von anderen Imkern hören: Sie können mit Ihren Bienen Geld verdienen. Wie viel das ist, hängt allein von Ihnen und Ihrem Verkaufsgeschick ab!

ist voller Anzeigen, die sich an solche Imker wenden. „Wir kaufen Ihnen Ihren Honig ab!“, heißt es darin. Die Aufkäufer würden nicht inserieren, wenn sie damit nicht viel mehr Geld verdienen könnten. Sie kaufen diesen Honig für knapp über 2 €/kg an, füllen ihn ab und nachher steht er für 13 €/kg im Feinkostregal eines Supermarktes. Sie sehen: Am Fleiß der Bienen und der Imkers verdienen vor allem andere.

Tipps und Anleitungen

In diesem Buch erfahren Sie, wie Sie für Ihre Imkereiprodukte einen angemessenen Preis erzielen. Das Geld, das Sie für dieses Buch ausgegeben haben, ist gut angelegt, wenn Sie sofort damit beginnen, die zahlreichen Tipps in die Praxis umzusetzen.

Dabei ist dieses Buch viel mehr als nur eine Sammlung von Hinweisen und Ratschlägen. Es zeigt Ihnen, wie Sie eine Vermarktungsstrategie entwickeln. Denn so wie Sie für Ihre Völkerführung- und Vermehrung einen Fahrplan brauchen, benötigen Sie auch eine Strategie für Ihren Verkauf. Dazu liefert Ihnen dieses Buch die Anleitung.

- Sie erkennen, welche Menschen an Ihren Imkereiprodukten das größte Interesse haben.
- Sie analysieren, mit welchen Imkereiprodukten Sie am meisten verdienen und welche Sie besser aus Ihrem Sortiment streichen sollten.
- Sie gestalten eine für Ihre Kunden attraktive Verpackung, sodass sich Ihre Ware wie von selbst verkauft.
- Sie finden Preise, die Ihre Kunden zu zahlen bereit sind.
- Sie suchen sich Partner, die Ihre Produkte verkaufen, damit Sie mehr Zeit für andere wichtige Aufgaben haben.
- Sie lernen, Ihre Ware so zu präsentieren, dass Kunden einfach zugreifen müssen.

Imkerei muss wirtschaftlich attraktiv sein

„Es ist im Interesse aller Imker, gute Erträge aus dem Honigverkauf zu erzielen, um erforderliche Investitionen für die Imkereien zu tätigen. Dazu gehören nicht nur moderne Wirtschaftsgeräte, sondern auch Investitionen in Gemeinschaftsausgaben, wie z. B. in die Forschung, die Nachwuchsförderung oder die Durchsetzung imkerlicher Interessen. Die Attraktivität der Imkerei steigt auch für junge Leute, wenn sich mit einer schönen Freizeitbeschäftigung gute wirtschaftliche Ergebnisse erzielen lassen.“
Harald Rothenbücher Werbeagentur COMMPLAN, Köln (Hausagentur des Deutschen Imkerbundes)

- Sie erfahren alles, was Sie über erfolgreiche Werbung wissen müssen.
- Sie führen erfolgreiche Verkaufsgespräche, die mit einem Abschluss enden.
- Sie eignen sich Methoden an, um Ihre Kunden langfristig zu binden, sodass diese immer wiederkommen und Sie und Ihre Ware weiterempfehlen.

Bevor Sie jetzt gleich weiterlesen, eine Warnung: Das Sprichwort: „Bienen und Schaf ernähren ihren Herrn im Schlaf" stimmt nicht. Das klappt nur, wenn der Herr oder die Herrin nichts verschlafen, sondern hellwach den Honigmarkt, ihre Produkte und ihre Kunden beobachten und die richtigen Schlüsse ziehen. Wenn sie das aber tun, dann können sie auch mal ausschlafen – und zwar beruhigt. Denn sie wissen: Auch morgen werden wir mit unseren Imkereiprodukten noch gutes Geld verdienen. Und Sie können das auch!

Dr. Marc-Wilhelm Kohfink, Berlin

So finden Sie Kunden für Ihre Produkte

Angenommen, Sie haben einen ordentlichen Überschuss an Honig und Wachs. Dann denken Sie wahrscheinlich wie viele Imker: „Ich habe Honig und Kerzen. Nun suche ich mir die Kunden dazu.“ Doch dann stellen Sie fest, dass der Honig manchen Kunden zu fest oder zu flüssig ist und dass auch die Kerzen nicht den Geschmack des Publikums treffen. Und vielleicht hören Sie beim Imkerverein, dass ein anderer Imker 20 % höhere Preise erzielt und darüber klagt, dass er gar nicht so viel Honig liefern kann, wie seine Kunden gerne haben möchten. Dabei ist der Honig des Kollegen nicht besser oder schlechter als Ihrer.

Sie fragen sich, was dieser Imker anders macht als Sie. Wie die meisten Imker denken Sie zuerst an das Produkt. Das ist verständlich, denn ohne Honig, Wachs und Propolis haben Sie nichts, was Sie potenziellen Kunden verkaufen könnten.

Mit den Augen des Kunden sehen

Erfolgreiche Verkäufer denken zuerst an den Kunden und fragen sich dann, welches Imkereiprodukt zu diesem Kunden passt. Das mag zunächst abstrakt klingen, doch in diesem Kapitel erfahren Sie, wie Sie Ihr Angebot so ausrichten, dass Ihre Kunden gerne bei Ihnen einkaufen. Dafür ist es entscheidend, dass Sie eine genaue Vorstellung von den Kundenwünschen entwickeln.

Eine einfache Übung hilft dabei: Denken Sie an Ihre Mutter. Überlegen Sie sich, was Sie ihr zum nächsten Geburtstag schenken möchten. Damit dieses Präsent bei ihr gut ankommt,

- müssen Sie Ihre Mutter genau kennen.
- brauchen Sie eine genaue Vorstellung, worüber sie sich freut.
- werden Sie sich zunächst für ein bestimmtes Geschenk, etwa ein Eau de Parfum entschieden.

Daran schließen sich folgende Überlegungen an:

- Welche Qualität und welche Marke wähle ich aus?
- Wie soll die Flasche verpackt sein, dass meine Mutter erkennt, dass dieses Geschenk für sie ist?
- Soll ich nur ein Fläschchen kaufen oder vielleicht noch einen Zerstäuber, passende Erfrischungstücher und eine Seife mit dazu verschenken?
- Was wäre als zusätzliches Geschenk besser geeignet: eine Miniflasche für die Handtasche oder eine Jumboflasche, aus welcher der Zerstäuber nachgefüllt werden kann?
- Wie viel Geld möchte ich überhaupt dafür ausgeben?

Tipp
Sie haben den ersten Schritt zum erfolgreichen Verkaufen bereits geschafft, wenn Sie Ihre Kunden kennen und wissen, welche Produkte diese schätzen, welche Qualität und welches Design sie vorziehen.

Wenn Sie nun Ihre Mutter durch das Idealbild Ihres Kunden ersetzen, sind Sie einen großes Stück weiter gekommen. Alle diese Fragen können Sie auf Ihre Imkereiprodukte übertragen.

Erkennen Sie Ihre Zielgruppen

Sicher haben Sie bereits Kunden außerhalb Ihrer Familie. Versuchen Sie diese in Gruppen zu unterteilen, zum Beispiel nach Alter, sozialer Schicht, Bildung, Beruf oder Familienstand. Ganz schnell werden Sie dabei feststellen, dass manche Profile häufiger vorkommen als andere. Diese Gruppen sind die Zielgruppen für Ihre Imkereiprodukte. Der Deutsche Imkerbund (D.I.B.) hat für sein Einheitsglas folgende Zielgruppen festgelegt. Wahrscheinlich werden Sie zu ähnlichen Ergebnissen kommen.

1. Junge Doppelverdiener
Sie haben ein gutes Einkommen und sind bereit, gute Qualität auch zu honorieren. Für den Einkauf nehmen Sie sich neben Beruf und Karriere **wenig Zeit**. Sie kaufen im **Supermarkt** ein.

2. Berufstätige Frauen
Sie gehören zu den aufgeklärten, **kritischen** Verbraucherinnen. Sie müssen Karriere, Beruf und Familie in Einklang bringen. Sie prüfen Qualität und Preis sehr kritisch und verlangen gute **Qualität** zu einem günstigen Preis. Eingekauft wird nebenbei.

3. Vermögende Etablierte
Für Sie sind Leistungsfähigkeit, Fitness und Gesundheit besonders wichtige Werte. Für gute **Qualität** zahlen sie einen guten **Preis**. Diese Kunden nehmen sich für den Einkauf Zeit.

4. Vermögende Etablierte und besser gestellte Senioren
Legen einen großen Wert auf eine **gesunde** Ernährung und genießen gute, **hochwertige** Nahrungsmittel.

Die Zielgruppe der LOHAS

Laut D.I.B. wird deutscher Honig überwiegend von einer Zielgruppe gekauft, die Werbeleute unter dem Begriff „Lohas“ (Lifestyle of health and sustainability) zusammenfassen. Gemeint sind Menschen, deren Ziel ein Lebensstil ist, der auf Gesundheit und Nachhaltigkeit beruht. Honiggenießende Lohas sind keine Ökos. Sie sind optimistisch-genießerisch eingestellt. Sie streben nach einer ökologisch bewussten, von Gemeinsinn geprägten Lebensweise. Lohas wohnen in Städten oder sind aus der Stadt aufs Land gezogen.

Marketing-Experten unterscheiden drei verschiedene Lohas-Kunden. Die Charakterisierungen sagen sehr viel darüber aus, warum

Gut zu wissen
Der Honig im Einheitsglas des Imkerbundes ist kein Angebot an Jugendliche, Schnäppchenjäger und prekäre Existenzen.

Der Zukunftsforscher Klaus Kofler beschreibt diese Zielgruppe so:

„Lohas sind gut ausgebildet, selbstbewusst, verdienen gut und haben ihr Leben im Griff. Herkunft und Wurzeln sind für Lohas sehr wichtig, ebenso Authentizität und Glaubwürdigkeit sowie ein ethisches Verhalten verbunden mit einem gesunden Bewusstsein für die Umwelt. Sie wollen nicht nur wissen was sie kaufen und somit auch konsumieren, sondern sie wollen sich auch bewusst mit der Umwelt und deren Problemen auseinandersetzen."

diese deutschen Honig und nicht den billigeren aus dem Ausland vom Discounter bevorzugen.

Der städtische urbane Lohas
Er interessiert sich vor allem für Honig von Imkern aus seiner Stadt. Er fühlt sich als Angehöriger einer städtischen Avantgarde, die erkannt hat, dass regionale Produkte im Trend liegen. Von Ihnen und Ihrem Honig verlangt er, dass Sie dieses Lebensgefühl ausdrücken. Zutiefst suspekt sind ihm Landimker, die am Straßenrand Klapptischchen aufstellen und dort ihren mit altmodischen Etiketten versehenen Honig zu veräußern versuchen.

Der genießerische Lohas
Er ist an der individuellen Geschichte Ihres Produkts interessiert. Er will genau wissen, bis zu welcher Straße oder auf welchen Feldern Ihre Bienen geflogen sind. Er baut eine ganz persönliche Beziehung zu Ihren Bienen auf und möchte Anteil an deren Leben nehmen. Er ist überzeugt, dass er all dies herausschmecken kann.

Der traditions- und qualitätsorientierte Lohas
Er glaubt, dass regionale Produkte frischer und ursprünglicher sind. Er kauft bei Ihnen als Imker, weil Sie für ihn ein traditionsreiches Handwerk ausüben. Möglicherweise hat bereits sein Großvater Bie-

Gut zu wissen

Wertvolle Lebensmittel – Gesundheit – regionale Herkunft – Umweltbewusstsein – das Wissen um Produktionsbedingungen: Das alles sind Gründe, die Lohas dazu bringen, deutschen Honig zu kaufen. Den billigen mit der Herkunftsbezeichnung „Aus EU und Nicht-EU-Ländern" lassen sie dagegen im Regal stehen.

nen gehalten. Er verklärt den Honig seiner Kinderzeit zum allerbesten Honig, der überhaupt vorstellbar ist. Ihm verkaufen Sie nicht nur Honig, sondern auch seine Kindheitserinnerungen.

Marktnischen finden

In Städten sollen 20 % bis 30 % der Bevölkerung den Lohas zuzuordnen sein. Doch es kann sich auch lohnen, auf Zielgruppen zu schielen, die sich im Promillebereich bewegen. Es gibt Nischen, die andere Imker bisher übersehen haben.

Wählen Sie dann eine Nischenstrategie, wenn Sie feststellen, dass andere Märkte bereits besetzt sind. Das kann zum Beispiel der Fall sein, wenn alle Lebensmitteleinzelhändler in Ihrer Stadt ihren Honig aus anderen Quellen beziehen oder wenn alle Stände auf dem Wochenmarkt vergeben sind. Sie können dann natürlich einfach nur billiger anbieten, doch erfolgreiches Verkaufen sieht anders aus! Billig ist phantasielos. Eine Nischenstrategie bringt dagegen folgende Vorteile:

- Sie nutzen die Chance, zu einer **eindeutigen Positionierung**, die Ihnen ein ebenso klares, wie gut erkennbares Profil verleiht.
- Sie sprechen eine **genau definierte Zielgruppe** an, deren Bedürfnisse Sie gut kennen.
- Sie sparen Kosten, weil innerhalb einer Nische andere für Sie durch **Mundpropaganda** werben.
- Sie können die Vorzüge des **Onlinehandels** nutzen, weil Ihre Kunden in der Regel weit verstreut sind, aber genau Ihre Produkte kaufen wollen. Über das Internet geht dies besonders einfach und preiswert.
- Aufgrund Ihrer genauen Zielgruppenkenntnis werden Sie regelmäßig geradezu mit der Nase auf lukrative **neue Produktideen** gestoßen, die außer Ihnen niemand im Programm hat.

Ein Beispiel

Der Imker Michael Grolm aus Tonndorf in Thüringen hat sich auf die Zielgruppe „Mittelalterszene" spezialisiert. Den Menschen, die in ihrer Freizeit mit historischen Kostümen aus der Moderne in eine mittelalterliche Traumwelt flüchten, bietet er in historischer Zeidlertracht seinen

Tipp

Sich in einer vor den Stürmen des Wettbewerbs geschützten Nische bequem zu machen und auszuruhen, kann gefährlich sein. Bemühen Sie sich darum, Ihre Zielgruppe immer besser kennenzulernen. Nur so haben Sie die Chance, früher als andere Trends zu erkennen.

Honig und verschiedene Met-Spezialitäten an. Bezahlt wird in „Silberlingen“, siehe Foto auf Tafel 1, oben links (www.schlossimkerei.de).

Herausfinden, wie die Zielgruppe empfindet

An dem Beispiel „Mittelalterszene“ sehen Sie, dass es nicht genügt, Personen gleichen Alters und Einkommens zu einer Zielgruppe zusammenzufassen. Besser ist es zu wissen, wie Ihre Zielgruppe „tickt“. Zudem haben Sie die Chance, neue Kunden hinzuzugewinnen, die genau so denken, handeln und fühlen.

Gut zu wissen

Wenn Sie wissen, wie Ihre Kunden denken und reagieren, können Sie ihnen ein Imkereiprodukt liefern, das ihnen wie auf den Leib geschnitten ist. Dann treffen Sie auch beim Verkaufsgespräch den richtigen Ton und finden genau das Argument, das zum erfolgreichen Verkauf führt.

Marketing-Experten nutzen dazu eine „**Semiometrie**“ genannte Methode. Diese besteht aus einer 210 Begriffe umfassenden Wortwolke. Für jeden der Begriffe wird gefragt, welche Gefühle dieser bei den Befragten auslösen. Dabei steht ihnen eine siebenstufige Skala von „sehr angenehm“ bis „sehr unangenehm“ zur Verfügung, um die Begriffe zu bewerten.

Machen Sie eine Marktforschung

Wahrscheinlich kennen Sie Ihre Zielgruppe schon ganz gut. Bei den anderen sollten Sie eine einfache Marktforschung machen. Benutzen Sie dafür die auf 140 Begriffe vereinfachte Semiometrie-Liste.

Wählen Sie mindestens vier Begriffe aus. Fragen Sie einen Kunden, wie wichtig der jeweilige Begriff für ihn ist. Er hat die Wahl zwischen: sehr unangenehm / ziemlich unangenehm / ein wenig unangenehm / keinerlei Empfindungen / ein wenig angenehm / ziemlich angenehm / sehr angenehm. Daraus ergibt sich ein Bild über das Wertemuster einer Zielgruppe. Ähnliche Werte deuten auf ähnliche Zielgruppen hin.

Sie können so deutlich erkennen, was Ihren Kunden wichtig ist, und dies sollte sich dann unmittelbar auf Zusammenstellung und Präsentation Ihres Angebots auswirken:

- Wer beispielsweise Moral, Disziplin, Vaterland positiv bewertet, ist eher traditionsverbunden.
- An eine christlich-religiöse Zielgruppe können Sie eher Krippenfiguren und Weihnachtsbaumanhänger aus Wachs sowie verschiedene Kerzen mit christlichen Motiven verkaufen.

- Eine kulturell orientierte Zielgruppe erreichen Sie mit einer künstlerischen Etikettengestaltung.
- Bei einer traditionsverbundenen Zielgruppe können Sie wahrscheinlich mit „Bärenfang nach ostpreußischem Originalrezept“ punkten.
- Pflichtbewusste sprechen auf den Hinweis an, dass Bienen dreimal um die Erde fliegen müssen, um ein Glas Honig zu füllen.
- Kritische Kunden überzeugen Sie mit Zertifikaten und Honiganalysen.

Tab 1 Vereinfachte Semiometrie-Liste

Charakterisierung	Zu bewertende Begriffe
Familiär	Kindheit, Familie, Heirat, Geburt, mütterlich, Mut, Friede, Sanftheit, Haus, bauen
Religiös	Gott, Glaube, heilig, Priester, Schöpfer, anbeten, Seele, barmherzig, ewig, bewundern
Materiell	Reichtum, Gold, Geld, Ruhm, erben, Eigentum, kaufen, Schmuckstück, Mode, wertvoll
Verträumt	Ozean, Insel, Wasser, schwimmen, Mond, Strom, Tier, Baum, Wüste, träumen
Lustorientiert	intim, Sexuelles, verführen, Nacktheit, lustvoll, Verlangen, Zärtlichkeit, männlich, sinnlich, Liebkosung
Erlebnisorientiert	hochklettern, Gipfel, Berg, Anstrengung, Feuer, Geschwindigkeit, Abenteuer, Herausforderung, wild, Gewitter
Kulturell	Kunst, Theater, Poesie, Buch, Zeremonie, Musik, Leichtigkeit, Lebenskünstler, Geduld, nachdenken
Rational	Forscher, Erfinder, Wissenschaft, Industrie, Handel, Erbauer, produzieren, Logik, konkret, Präzision
Kritisch	Misstrauen, Zweifel, Fehler, Angst, Leere, Gefahr, Aufstand, Schrei, kritisieren, hartnäckig
Dominant	beherrschen, befehlen, Macht, strafen, verbieten, List, gehorchen, Maske, erobern, starr
Kämpferisch	Soldat, Gewehr, Krieg, Rüstung, Jagd, angreifen, Mauer, Grenze, Flucht, metallisch
Pflichtbewusst	Schule, sparen, schreiben, tüchtig, Arbeit, Disziplin, unterrichten, Ehrgeiz, Vernunft, Gesetz
Traditionsverbunden	Vaterland, Tradition, Ehre, Moral, Vorsicht, Reinheit, Mäßigung, Standhaftigkeit, Vollkommenheit, Bescheidenheit
Sozial	Fröhlichkeit, ehrlich, heilen, Treue, miteinander, Vertrauen, Zuneigung, beschützen, lachen, Freundschaft

Gut zu wissen
Mithilfe der Semiometrie-Modelle ist es für Sie möglich, Ihre Kunden über deren demographische Merkmale hinaus besser kennenzulernen.

Die häufigsten Kundenfragen zu Bienenprodukten

Die allermeisten Kunden sind schlecht über Honig informiert. Für den durchschnittlichen Honigesser gibt es vier Sorten Honig: einen flüssigen, einen festen, einen hellen und einen dunklen. Oft wissen sie auch nicht, welcher Honig ihnen am besten schmeckt. Also stellen sie Imkern viele Fragen.

Beantworten Sie Kundenfragen passend

Am besten verkaufen Sie, wenn Sie nicht nur versuchen, Aufklärungsarbeit zu leisten, sondern dabei gleich das für den Kunden am besten geeignete Produkt finden. Der Effekt: Ihr Kunde fühlt sich gut betreut, ist nach dem Einkauf zufrieden und wird gerne wiederkommen. Gehen Sie dabei in schrittweise vor:

Schritt 1: Zweck erfragen

Honig ist ein vielfältiges Lebensmittel. Fragen Sie beim Kunden genau nach, wofür er das Produkt benötigt. Meistens wird dies als Brotaufstrich und als Süßungsmittel sein. Indes, Sie werden erstaunt sein, was Ihre Kunden noch damit anfangen, sie nutzen ihn auch für selbst gemachte Getränke oder für Massagen. Siehe Foto auf Tafel 1 oben rechts.

Tipp

Die Fragen Ihrer Kunden zeigen Ihnen, wie vielfältig Honig eingesetzt werden kann. Hören Sie genau hin. Es könnte eine neue Produktidee darunter sein.

Schritt 2: Produkt empfehlen

Aus den Antworten Ihres Kunden auf Ihre Fragen wissen Sie, welche Anforderungen das Imkereiprodukt für ihn erfüllen muss. Stellen Sie also das Produkt vor, das dazu passt. Sagen Sie beispielsweise: „ Als Süßungsmittel für Ihren Tee empfehle ich Ihnen meinen Akazienhonig."

Schritt 3: Funktion erklären

Gehen Sie nun auf die Wünsche des Kunden ein. Erklären Sie, welche Funktionen das Produkt für ihn hat. Erläutern Sie: „Akazienhonig ist flüssig und löst sich leicht im Tee auf. Außerdem hat er ein dezentes Aroma, das den Geschmack des Tees nicht dominiert."

Schritt 4: Zusatznutzen nennen

Der Kunden kennt nun den Nutzen des Produkts, doch einen Restzweifel gibt es immer. Kunden sind skeptisch. Sie haben einen Verkäufer immer im Verdacht, er wolle sie zu etwas überreden.

Diese Vorbehalte räumen Sie aus, wenn Sie Ihrem Kunden einen Zusatznutzen nennen können, an den er nicht gedacht hat. Dabei hilft Ihnen etwas Menschenkenntnis. Haben Sie einen rotbackigen Kunden als Fleischesser identifiziert, könnten Sie zu ihm sagen: „Wenn Sie Ihren Braten mit Akazienhonig bestreichen, bekommt er eine schöne, saftige Kruste." Einen asketischen Rohköstler überzeugen Sie dagegen mit dem Hinweis: „Ein Tropfen Akazienhonig gibt einer Salatsoße den letzten Pfiff.“ Für Frauen empfehlen sich generell Kosmetiktipps: „Bei spröden Lippen pflegt Akazienhonig und hilft, die Haut wieder zart und geschmeidig zu machen: Einfach regelmäßig die Lippen mit etwas Honig einreiben und massieren.“

Kundenfrage „Was ist Honig? Was sind Honigzubereitungen?“
Als Imker werden Sie immer wieder nach „Honigen“ gefragt, die keine sind. Das liegt am verbreiteten Unwissen von Kunden und an Imkern, die ihnen Honigzubereitungen verkauft haben. Diese „falschen Honige“ sind keine Honige im Sinne der Honigverordnung und dürfen nicht als Honig verkauft werden, sondern – sofern sie Honig enthalten – nur als „Honigzubereitung“, siehe Foto Tafel 1 unten links.

Es gibt auch verschiedene Arten von Sirup, die als „Honig“ angeboten werden. Dies gilt besonders für folgende Produkte:

- **„Sanddornhonig“** ist ein orangefarbener Brotaufstrich aus gefriergetrockneten und gemahlenen Beeren des Sanddorns, vermischt mit Honig.
- **„Rosenhonig“** ist eine bulgarische Spezialität hauptsächlich aus Rosenöl, Glucosesirup und Honig. Das Produkt gilt auch als ein altes Heilmittel gegen Entzündungen von Hals und des Magen.
- **„Erdbeerhonig“** ist ein aus Erdbeeren und braunem Zucker gekochter Sirup und enthält oft gar keinen Bienenhonig.
- **„Löwenzahnhonig“** ist ein Zuckersirup aus Löwenzahnblüten, Wasser, Zucker und Zitronensaft.
- **„Tannenhonig“** ist ebenfalls ein Zuckersirup, der aus jungen Tannenspitzen und Zucker gekocht wird. Dieser herbe Tannensirup wird unter anderem als Hausmittel gegen Husten genutzt.
- **„Türkischer Honig“** ist ein weißer Nougat, der auf Jahrmärkten vornehmlich in Süddeutschland verkauft wird.

Gut zu wissen
Es gibt auch einen echten, aber selten sortenreinen Löwenzahnhonig, den Bienen zur Zeit der Kirschblüte im Frühjahr sammeln.

Gut zu wissen
Es gibt auch einen echten Tannenhonig.

Gut zu wissen: Das ist echter Honig

Die Honigverordnung in der Fassung vom 16.01.2004 definiert das süße Bienenprodukt wie folgt:
„Honig ist der natursüße Stoff, der von Honigbienen erzeugt wird, indem die Bienen Nektar von Pflanzen oder Sekrete lebender Pflanzenteile oder sich auf den lebenden Pflanzenteilen befindende Exkrete von an Pflanzen saugenden Insekten aufnehmen, durch Kombination mit eigenen spezifischen Stoffen umwandeln, einlagern, dehydratisieren und in den Waben des Bienenstocks speichern und reifen lassen.“

- „**Kräuterhonig**" ist Honig mit zugesetzten Kräuterauszügen etwa von Minze, Lavendel, Anis, Koriander, Rosmarin, Salbei oder Veilchen.

So erklären Sie den Kundennutzen
„Honig ist ein ganz natürliches, unverfälschtes Lebensmittel."

Gut zu wissen
Nur echter Honig ist bekömmlich, naturbelassen und hat die vitalisierende Wirkung, für die Honig bekannt ist.

Kundenfrage: Was ist drin im Honig?
Honig ist chemisch gesehen, ein hochkonzentrierte Zuckerlösung. Die Honigverordnung sagt:

„Honig besteht im Wesentlichen aus verschiedenen Zuckerarten, insbesondere aus Fructose und Glucose, sowie aus organischen Säuren, Enzymen und beim Nektarsammeln aufgenommenen Pollen."

Honig ist also nicht nur aus Trauben- und Fruchtzucker zusammengesetzt. Er enthält etwa 180 weitere wertvolle Substanzen. Dazu gehören Vitamine, Mineralien und Spurenelemente, natürliche Farbstoffe aus dem Nektar und Enzyme.

So erklären Sie den Kundennutzen
„Honig ist ein wichtiger Bestandteil einer gesunden Ernährung. Die Inhaltsstoffe fördern Ihre Gesundheit, stärken das Wohlbefinden und lindern Beschwerden. Einige wappnen Ihre Zellen gegen die Angriffe sogenannter freier Radikale. Andere haben entzündungshemmende und antibakterielle Eigenschaften, was die große Bedeutung von Honig in der Naturheilkunde erklärt."

Gut zu wissen
Im Vergleich zu herkömmlichem Haushaltszucker besitzt Honig eine ähnliche Süßkraft, ist aber wohlschmeckender und hat einen geringeren Kaloriengehalt. Somit ist er auch eine sinnvolle Alternative zu fettreichen Süßigkeiten.

Kundenfrage: Was ist an den im Honig enthaltenen Zuckern besonders?
Im Unterschied etwa zu Marmelade besteht Honig vor allem aus den Einfachzuckern Fructose (Fruchtzucker) und Glukose (Traubenzucker). Daneben gibt es über zwanzig andere Zucker, die ebenfalls im Honig enthalten sind.

So erklären Sie den Kundennutzen
„Die Einfachzucker sind wichtige Energielieferanten für Ihr Gehirn und Ihre Muskeln: Traubenzucker führt Ihrem Körper besonders schnell Energie zu und gibt Kraft im Sport oder bei körperlicher Arbeit. Der Fruchtzucker geht langsamer ins Blut über und ermöglicht ausdauernde Leistungen."

Kundenfrage: Ist Honig für Diabetiker geeignet?
Untersuchungen haben bisher gezeigt, dass der glykämische Index – ein Maß für die Qualität der verzehrten Kohlenhydrate – der getesteten Honige gegenüber dem Vergleichswert von herkömmlichem Haushaltszucker deutlich niedriger liegt. Ob der Verzehr von Honig auch in Wirklichkeit ohne Nachteile für die Blutzuckerregulation

ist, kann durch die aktuelle Studienlage bisher nicht sicher gesagt werden.

So erklären Sie den Kundennutzen
„Fruchtzuckerhaltige Honige wie zum Beispiel Akazienhonig wirken sich als Nährstoffe günstiger auf Ihren Blutzuckerspiegel aus als herkömmlicher Haushaltszucker."

Thema: gesundheitsbezogene Werbung

Obwohl zahlreiche Studien nahelegen, dass Imkereiprodukte wie Honig, Propolis, Pollen und Gelée Royal eine gesundheitsfördernde Wirkung haben, ist eine gesundheitsbezogene Werbung strikt verboten, zum Beispiel: „Buchweizenhonig hilft gegen Husten und Erkältung". Obwohl dieser Effekt in diesem Zusammenhang beobachtet wurde, begeben Sie sich mit derartigen Heilungsversprechen auf juristisches Glatteis und riskieren eine Abmahnung.
Der Grund dafür sind die „Health Claim Verordnung" der Europäischen Union (EU) und der § 18 Lebensmittel-, Bedarfsgegenstände- und Futtermittelgesetzbuchs (LMBG). Die gesetzlichen Bestimmungen untersagen generell, für Lebensmittel mit gesundheitsbezogenen Aussagen zu werben.

Gut zu wissen
Machen Sie Ihren Kunden stets klar, dass Ihr Honig ein Lebens- und kein Heilmittel ist und dass Propolis und Gelée Royal bei innerlichem Gebrauch Nahrungsergänzungsmittel sind.

Kundenfrage: Wie erreichen Sie, dass die Bienen einen Sortenhonig herstellen?
In der Honigverordnung steht:

„Die Unterschiede in Geschmack und Aroma werden von der jeweiligen botanischen Herkunft bestimmt."

Als Sortenhonig darf eine Honig vermarktet werden, wenn seine *„Herkunft aus Blüten oder lebenden Pflanzenteilen, wenn der Honig vollständig oder überwiegend den genannten Blüten oder Pflanzen entstammt und die entsprechenden organoleptischen, physikalisch-chemischen und mikroskopischen Merkmale aufweist."*

In der Neufassung des Kommentars zur Honigverordnung müssen 60 % des Trachtanteils aus der angegebenen Sorte stammen. Zwischen 2005 und 2009 waren es nur mindestens 50 % gewesen. Es ist die Kunst des Imkers, geeignete Standorte zu finden und den richtigen Zeitpunkt für die Ernte des Honigs zu bestimmen. Wenn der Imker nach der Blüte einer Pflanzenart den dabei entstandenen Honig erntet, kann er die Honigsorten mithilfe des darin enthaltenen Pollens bestimmen lassen. Finden sich dann zum Beispiel vorherrschend Rapspollen, handelt es sich um einen sortenreinen Rapshonig. Siehe Foto auf Tafel 1 unten rechts.

So erklären Sie den Kundennutzen
„Durch meine Arbeit als Imker können Sie die Vielfalt der Flora mit jedem Löffel Honig genießen. Die Beschäftigung mit Honig eröffnet Ihnen als Genießer eine einzigartige Geschmackswelt, die allenfalls mit den Aromen von Wein vergleichbar ist."

Kundenfrage: Welche Honigsorten gibt es?
Es gibt Kunden, die nur ihre Lieblingssorte wollen. Erfolgreiche Imker sorgen dafür, dass davon immer genug im Lager ist. Andere Kunden hingegen suchen die Abwechslung. Wer diesen immer wieder einmal eine neue süße Überraschung anbieten kann, sichert sich loyale Kunden.

Tipp
Verzichten Sie bei Ihren Kunden auf langatmige Erklärungen über die Pflanze, Ihre Bienen, das Wetter und die Ergiebigkeit der Tracht. Das mag Imker interessieren, doch für den Kunden sind es nutzlose Informationen. Er will wissen, was ihm eine bestimmte Sorte „bringt".

Im Folgenden sind die wichtigsten einheimischen Honigsorten kurz vorgestellt.

Akazienhonig
stammt nördlich der Alpen von Robinien, den Scheinakazien (*Robinia pseudoacacia*). Erfrieren die traubenförmigen, weißen, angenehm duftenden Blüten nicht, sind sie eine ergiebige Nektarquelle. Akazienhonig schmeckt mild und aromatisch. Auf Grund seines Fruchtzuckeranteils bleibt er lange flüssig. Kunden schätzen diesen Honig, weil sich mit ihm sehr gut Tees und Milchspeisen süßen lassen. Er eignet sich auch für Salatsoßen, etwa in Form einer Honigvinaigrette mit Balsamico.

Buchweizenhonig
ist von dunkelbrauner bis rötlicher Farbe und hat ein rustikales, ausgefallen kräftiges Aroma. Kunden schätzen ihn als Zutat für die Lebkuchenherstellung.

Edelkastanienhonig
wird in den wärmsten Regionen Deutschlands, zum Beispiel in Rheinland-Pfalz erzeugt. Die Blüten sind eine ergiebige Nektarquelle. Der Honig ist dunkelbraun und zeichnet sich durch ein leicht bitteres Aroma aus. Die Konsistenz ist zähflüssig bis kristallin. Kunden, die bittere Orangenmarmelade mögen, genießen auch diesen Honig.

Tipp
Edelkastanienhonig eignet sich gut als Dip für Camembert, Brie und andere Weichkäse.

Heidehonig
ist herb-würzig, von rötlich brauner Farbe und wird besonders in den Heidegebieten Norddeutschlands geerntet. Die Konsistenz ist von Natur aus geleeartig. Nach einer Lagerzeit von rund einem Jahr bilden sich kleine runde Kristalle, die an Kandis erinnern und von den Kunden in der Regel sehr geschätzt werden.

Lindenhonig
ist überwiegend Honig von Lindenblüten. Aber teilweise enthält er wie Edelkastanienhonig Anteile aus Honigtau. Je nachdem wie hoch dieser Anteil ausfällt, hat der Lindenhonig ein minziges Kräuteraroma und eine mehr oder weniger würzige Waldnote. Kunden schätzen Lindenhonig auch aufgrund seiner (magen-)beruhigenden Wirkung.

Löwenzahnhonig
stammt größtenteils von den Randlagen der Alpen und aus den Mittelgebirgen. Der Geschmack ist mild-würzig und leicht säuerlich. Löwenzahnhonig wird von Kunden wie Akazienhonig zum Verfeinern von Salatsoßen, zu Quark- und Milchspeisen oder zum Süßen von Fruchtsalaten genutzt.

Tipp
Laden Sie Ihre Kunden zu Hausverkostungen ein und lassen Sie diese die Vielfalt heimischer Honigsorten entdecken.

Rapshonig
kristallisiert aufgrund seines hohen Traubenzuckergehaltes schnell gleichmäßig und fein. Er ist elfenbeinfarbig bis weiß. Besonders Eltern schätzen diesen Honig für ihre Kinder, denn er ist mild und so fest, dass er nicht vom Brötchen kleckert. Trotzdem lässt er sich – sofern cremig gerührt – gut streichen.

Sommerblütenhonig
ist ein ausgewogener Blütenhonig mit einem lieblichen Aroma. Der leichte Blütenduft erinnert an einen schönen Sommertag. Je nach Flora und Witterung stammen die Zutaten für diesen Honig aus Wildblüten und Honigtau. Kunden mögen diesen Honig aufgrund seines kräftigen honigtypischen Aromas als klassischen Frühstückshonig.

Sonnenblumenhonig
Die Sonnenblume war bis vor wenigen Jahren eine sehr ergiebige Trachtpflanze. Wo noch nektarspendende Sorten angebaut werden, produzieren die Bienen einen leuchtend gelben Honig. Dieser leicht säuerliche, wunderbar aromatische Honig wird von Kunden wie Löwenzahnhonig genutzt.

Tannenhonig
wird von den Honigbienen vornehmlich von Weiß- und Rottannen sowie von Fichten gesammelt. Er ist ein dunkler, würzig-harziger und etwas herber Honig aus Honigtau. Tannenhonig bleibt lange flüssig. Er wird von Kunden zum Glasieren von gegrilltem Fisch und Braten genutzt.

Waldhonig
ist der bekannteste Honigtauhonig und kann sowohl von Laub- als auch von Nadelbäumen stammen. Der Gehalt an Mineralstoffen und

Enzymen ist in der Regel besonders hoch. Waldhonige bleiben in der Regel lange flüssig. Waldhonig ist würzig und dunkel. Kunden verwenden ihn in grünen und in Kräutertees. Dort kann er sein mildes Aroma besonders gut entfalten. Waldhonig passt auch gut zum Abschmecken von süß-sauren Soßen aus der asiatischen Küche und zum Glasieren von im Ofen gebratenen Enten und Gänsen.

Wildblütenhonig
ist ein seltener Honig überwiegend von landwirtschaftlich extensiv genutzten Alpen- und Mittelgebirgswiesen. Die Farbe dieses meist flüssigen Honigs variiert von hellgelb, goldgelb bis bernsteinfarben. Kunden schätzen diesen, je nach Herkunft milden bis kräftigen Honig als klassischen Frühstückshonig.

Kundenfrage: Darf ich kristallisierten Honig wieder verflüssigen?
Honig mit viel Traubenzucker kristallisiert innerhalb weniger Tage. Honig mit viel Fruchtzucker lässt sich dagegen Zeit. Eine Rückverflüssigung ist ohne Qualitätsverlust möglich, wenn er nach der Verflüssigung wieder rasch abgekühlt wird. Dazu erwärmen Sie den Honig im Wasserbad vorsichtig bei einer maximalen Temperatur von 40 °C. Eine Mikrowelle ist dafür weniger geeignet, weil der Honig darin schnell und ungleichmäßig überhitzt wird. Dadurch können wichtige Inhaltsstoffe verloren gehen.

So erklären Sie den Kundennutzen
„Wenn Sie flüssigen Honig mögen, können Sie kristallin gekauften oder durch die Lagerung fest gewordenen Honig durch leichtes Erwärmen und Rühren wieder in einen Zustand bringen, wie Sie ihn am liebsten genießen."

Kundenfrage: Wie lagere ich Honig am besten?
Er sollte kühl, trocken, geruchsneutral und dunkel gelagert werden, gut verschlossen in einem Gefäß, am besten in einem Honigglas. Honig nimmt nämlich Wasser aus der Luft auf und kann dann beginnen zu gären.

So erklären Sie den Kundennutzen
„Wenn Sie den Honig richtig lagern, bleiben seine einzigartigen Aromen und die empfindlichen Inhaltsstoffe lange erhalten. Und Sie haben bis zum letzten Löffel puren Honiggenuss."

Kundenfrage: Was ist Propolis?
Da in einem Bienenstock die Insekten auf engstem Raum bei etwa 35° C und hoher Luftfeuchtigkeit zusammenleben, herrschen dort ideale Bedingungen für die Ausbreitung von Krankheiten. Um das

Tipp
Legen Sie sich für jeden Honig eine Vorstellung zurecht, die aus ein oder höchsten zwei Sätzen besteht. Darin sollten der Name, die Geschmacksrichtung und der Nutzen für den Kunden deutlich werden.
Beispiel: Rapshonig ist ein milder, cremiger Honig. Er tropft nicht vom Brot und alles bleibt sauber.

zu verhindern, überziehen die Bienen alle Oberflächen im Bienenkasten mit einem hauchdünnen Film aus Propolis. Dieser auch als Bienenkittharz bezeichnete Stoff ist ein natürlich vorkommendes Antibiotikum und Antimykotikum. Seine Zusammensetzung kann stark variieren, je nachdem, was die Bienen zusammengetragen haben.

So erklären Sie den Kundennutzen

„Bienenharz wirkt nicht nur im Bienenstock sondern auch beim Menschen. Aufgrund seiner Eigenschaften wird es in der Naturheilkunde gegen Pilze und bakterielle Erkrankungen eingesetzt. Propolis ist als Salbe, Lösung oder in roher Form erhältlich, sodass für jede Behandlungsform das passende Präparat zur Verfügung steht. Nicht geeignet ist Propolis für Nutzer, die wie etwa 5% der Menschen unter einer Kontaktallergie leiden."

Tipp
Sehr wenige Menschen reagieren auf Propolis allergisch. Sollte Ihr Kunde nicht wissen, ob er allergisch reagiert, raten Sie ihm dazu, Propolis in sehr geringer Menge erst vorsichtig zu testen.

Kundenfrage: Wie nehme ich Propolis ein?

Propolis kann als Tinktur, in Stückchen oder gemahlen als Pulver eingenommen werden. Man kann die Tinktur mit Honig vermischen oder auch mit Wasser, Milch oder auf einem Zuckerstückchen einnehmen. Äußerlich kann gemahlenes Propolis oder Propolis-Salbe direkt auf die Stellen aufgestreut oder -gestrichen werden.

Gut zu wissen
Gelée Royale wird nur in wenigen hochspezialisierten Imkereien gewonnen. Das in Deutschland angebotene Gelée Royale kommt überwiegend aus China.

Kundenfrage: Was ist Gelée Royale?

Kunden fragen regelmäßig nach Gelée Royale. Es ist ein Konzentrat aus Vitaminen, Mineralstoffen und Spurenelementen. Neben Wasser, Eiweiß und Zucker sind zahlreiche, hoch komplizierte hormonähnliche Verbindungen enthalten, denen eine immunsteigernde Wirkung zugeschrieben wird.

Mit diesem auch als Weiselfutter- oder Bienenköniginnenfuttersaft bezeichneten Bienenprodukt ziehen die Arbeiterinnen ihre Königinnen und in den ersten drei Tagen auch ihren Arbeiterinnennachwuchs auf.

So erklären Sie den Kundennutzen

„Es ist vorstellbar, dass Gelée Royal die Leistungskraft eines Menschen aktiviert. Wenn Sie gemerkt haben, dass Ihnen der Weiselsaft nutzt, können Sie ihn weiter zu sich nehmen."

Kundenfrage: Was ist Bienenwachs?

Die Bienen erzeugen und sondern eigenes Wachs ab, um daraus ihre Honig- und Brutwaben zu bauen. Die aus Wachsdrüsen ausgeschwitzten Wachsplättchen haben ursprünglich eine weiße Farbe. Gelb wird das Wachs durch die Aufnahme des Pollenöls aus den Pollen. Bienenwachs bleicht an der Sonne rasch aus. Für solches, wieder weißes

Wachs gibt es einen Markt. Doch in der Regel verlangen Kunden honiggelbe Kerzen, weil sie nur diese als „echte Bienenwachskerzen" betrachten, siehe Foto auf Tafel 2 oben links.

So erklären Sie den Kundennutzen
„Brennende Bienenwachskerzen geben ein schönes gelbes Licht und duften beim Abbrennen nach Honig und Pollen. Von Bienenwachskerzen geht eine unvergleichliche Gemütlichkeit aus. Traditionell wird Bienenwachs außerdem in Medizin und Physiotherapie als Wärmepackung bei Husten, Erkältungen, Schmerzen der Muskeln und Gelenke angewendet. Bienenwachs hat nämlich sehr gute wärmespeichernde Eigenschaften."

Kundenfrage: Warum bekommen Bienenwachskerzen einen weißen Belag?
Diese Patina, die sich nach einer gewissen Zeit und besonders bei kalter Lagerung bilden kann, wird Wachsblüte genannt. Sie lässt sich ohne Probleme abgereiben. Auch durch die Luft aus einem warmen Fön verschwindet sie wieder.

So erklären Sie den Kundennutzen
„Die Wachsblüte ist ein Qualitätsmerkmal. Sie zeigt, dass es sich um eine echte Bienenwachskerze handelt. Stearin- oder Paraffinkerzen bekommen keine solche Patina. Manche Kunden wünschen sich ausdrücklich Kerzen mit dieser Patina."

Gut zu wissen
Wachs dient als Grundstoff für Schminken, Pomaden und Salben und es hat antiseptische Eigenschaften. Bereits die alten Römer versiegelten damit Krüge, Wein- und Ölfässer. Zum Wachsen von Möbeln und Figuren wird es ebenso verwendet wie als Trennmittel für Gummibärchen und Schokolinsen.

Trends im Lebensmittelmarkt aufgreifen
Es gibt einige Kunden, die erwarten von einer Imkerei mehr als nur Honig, Wachs und Propolis. Sie suchen auch Bonbons, Badeschaum, Lippenpflegestifte, Honigwein oder -bier.

Allen diesen Imkereiprodukten ist gemeinsam, dass der Imker sie in den meisten Fällen zukauft. Er tritt dann als Händler und nicht mehr als Landwirt und Erzeuger auf. Grundsätzlich sollten Sie sich überlegen, ob Sie sich eher als Imker oder als Händler verstehen. Zukaufware gibt Ihnen die Möglichkeit, ohne große Investitionen und nennenswerte Mehrarbeit Ihren Umsatz und Gewinn zu erhöhen. Sie liefert Ihnen eine genau berechenbare Marge und macht Sie unabhängiger vom Wetter und den Unwägbarkeiten der Landwirtschaft.

Innovationen beleben das Geschäft
Suchen Sie nach neuen Produkten, die zu Ihren Kunden passen, dann ist es in der Imkerbranche wie in jedem anderen Wirtschaftszweig: Ohne Innovationen wird jedes Unternehmen im Wettbewerb abgehängt. Das gilt besonders für einen Markt wie den Honigmarkt, der

Tipp
Trends stoßen Ihnen das Tor zu Zukunftsmärkten auf. Mit neuen und innovativen Imkereiprodukten befriedigen Sie bereits Wünsche, von denen andere Imker noch gar nicht wissen, dass es sie überhaupt gibt.

an Volumen nicht wächst. Schauen Sie sich also nach Innovationen um, damit Sie auch in den nächsten Jahren Ihren Kunden ein wichtiger Partner sind und neue Märkte für sich erschließen.

Aber auch mit ihren selbst erzeugten Produkten bewegen sich nur dann erfolgreich auf dem Lebensmittelmarkt, wenn Sie wissen, wie er sich verändert. Dabei helfen Ihnen Meinungsforschungsinstitute, die ihre Analysen im Auftrag von Lebensmittelkonzernen machen. Sie beobachten, welche und wie sich Trends entwickeln. Ihre Aufgabe als Imker ist es dann, sie auf den Honigmarkt herunterzubrechen und Ihr Angebot entsprechend anzupassen, um wie auf einer Welle mitzusurfen, siehe Foto auf Tafel 2 oben rechts.

Trend 1 „Übernimm Verantwortung!"
Die deutschen Verbraucher machen ihre Kaufentscheidung immer stärker davon abhängig, unter welchen Bedingungen die Lebensmittel produziert werden und für welche Werte die Hersteller und Händler stehen. Es geht um die Frage, inwiefern Unternehmen durch ihre Produkte und deren Herstellung Verantwortung für das Gemeinwesen übernehmen. Sozial, ökologisch verantwortliches und nachhaltiges Wirtschaften gelten als Schlüssel zur Gunst der Kunden.

Das heißt für Sie
Stellen Sie heraus, welchen ökologischen Wert ihre Imkerei für die Umwelt hat. Betonen Sie, dass jedes gekaufte Glas einen wichtigen Beitrag zum Erhalt der unmittelbaren Umwelt Ihres Kunden leistet. Honig aus eigener Imkerei zu kaufen, ist aktiver Umweltschutz.

Trend 2 „Bitte alles ganz einfach"
Die Menschen möchten sich das Leben einfacher gestalten, das heißt, auch das Essen muss unkompliziert in der Zubereitung sein. So nehmen sich Menschen immer weniger Zeit zum Kochen und verlieren das Wissen, wie es geht.

Das heißt für Sie
Manche Imker füllen Ihren Honig ab, wenn er noch flüssig ist. Weil er kristallisiert, findet sich auf dem Etikett ein Hinweis, wie der Honig wieder zu verflüssigen ist. „Convenient", also bequem ist das nicht. Solche Imker geben die Verantwortung für die vom Kunden gewünschten Eigenschaften des Produkts an diesen ab. Bieten Sie besser Ihren Honig so an, wie ihn Kunden meistens wünschen: entweder flüssig oder cremig gerührt.

Trend 3 „Denke an die Umwelt und das Leben"
Das Öko- und Naturkostsegment wird in den nächsten Jahren weiter wachsen. Wichtig ist den Kunden, dass sie die Produktion von Lebens-

mitteln klar nachvollziehen können, also den Weg vom Acker bis auf den Tisch. Auch der Trend zum Genuss von Lebensmitteln aus gesundheitlichen Gründen wird weiter zunehmen.

Das heißt für Sie
Prüfen Sie, ob eine Biozertifizierungen für Ihre Imkerei infrage kommt. Machen Sie bei der Beschreibung Ihrer Honigproduktion deutlich, dass Sie der verantwortliche Imker sind. Geben Sie Ihren Kunden die Möglichkeit, genau zurückzuverfolgen, wo Ihre Bienen den Nektar für den Honig eingetragen haben.

Tipp
Bitten Sie Kunden auch außerhalb von Tagen der offenen Tür in Ihre Imkerei, damit sie sich selbst einen Eindruck verschaffen können, unter welchen Bedingungen bei Ihnen produziert wird.

Trend 4 „Unterhalte mich"
Alltägliche Dinge sollen nicht langweilig werden. Ein damit verbundener Unterhaltungswert wird immer wichtiger. Dazu gehört zum Beispiel, dass Lebensmittel eine interessante Geschichte haben. Für Kunden ist es auch ein Erlebnis, wenn sie gemeinsam mit anderen, Familienangehörigen oder Freunden, essen und dies genießen.

Das heißt für Sie
Versehen Sie Ihren Honig mit einer Geschichte, etwa indem Sie berichten, dass Sie die Imkerei in der 5. Generation betreiben. Ein Tag der offenen Tür, der Verkauf bei Stadtfesten, ein Hinweis auf Sehenswürdigkeiten im Flugradius der Bienen oder besondere Ereignisse, liefern Ihren Kunden unterhaltende Geschichten.

Tipp
Bieten Sie Honig in großen Gebinden zum Beispiel 1 kg als „Familienpackung" an oder stellen Sie ein Sortiment verschiedener Honige als „Auswahl fürs Frühstücksbuffet" zusammen. Dadurch regen Sie Ihre Kunden dazu an, Honig in Gemeinschaft zu genießen.

Trend 5 „Hauptsache anders"
Immer häufiger heißt es bei Lebensmitteln: „Anything goes". Es muss nur verrückt genug sein. Dies bezieht sich auch auf die Art des Essens. Das zeigt der Trend zur sogenannten molekularen Küche oder zu Bitterschokoladen mit allen möglichen Zutaten wie Chilipulver oder Meersalz.

Das heißt für Sie
Hier ist Ihre Experimentierfreude gefragt. Denkbar sind exotische Honigsorten wie vielleicht Bärlauch- oder Spargelhonig oder alle Arten von süßen und herzhaften Honigzubereitungen, die Sie zum Beispiel mit Obstpulvern, Nüssen und Ölen (www.oma-ida.de) veredeln können, siehe Foto auf Tafel 3 unten rechts.

Bieten Sie Imkereiprodukte bester Qualität an

Nachdem Sie nun wissen, welche Imkereiprodukte für Ihre Kunden die richtigen sind, stellt sich als nächste Frage, in welcher Qualität Sie diese anbieten sollen. Honig muss grundsätzlich den Qualitätsanforderungen der Honigverordnung entsprechen. Besser ist es, wenn er den Anforderungen des Deutschen Imkerbundes genügt. Bio-An-

Gut zu wissen
Außer der Honigverordnung, die festlegt, was überhaupt als Honig in den Verkehr gebracht werden darf, sind alle anderen Institutionen Vermarktungsorganisationen. Deren Kriterien beschreiben für Kunden, welche Qualität diese unter einem bestimmten Siegel erwarten dürfen.

bauverbände wie Bioland, Naturland oder Demeter haben zusätzliche Qualitätskriterien.

Das heißt für Sie
Qualität ist nicht das, was Sie als Imker liefern, sondern was der Kunde von Ihnen erwartet. Eine gängige Definition bezeichnet Qualität als den „Grad der Übereinstimmung zwischen Ansprüchen bzw. Erwartungen (Soll) an ein Produkt und dessen Eigenschaften (Ist)."

Was ist Qualität?

Qualität wird nach DIN EN ISO 8402 als *„Die Gesamtheit von Merkmalen einer Einheit bezüglich ihrer Eignung, festgelegte und vorausgesetzte Erfordernisse zu erfüllen"*, bezeichnet.
Die neue Qualitätsnorm DIN EN ISO 9000 geht einen Schritt weiter und beschreibt Qualität als: *„Vermögen einer Gesamtheit innewohnend Merkmale eines Produkts, eines Systems oder eines Prozesses zur Erfüllung von Forderungen von Kunden und anderen interessierten Parteien."*
Beiden Definitionen ist gemeinsam, dass sie vom Kunden sowie dessen Wünschen und Vorstellungen ausgehen. Salopp gesagt: *„Qualität ist, wenn der Kunde zurückkommt und nicht das Produkt."*

Was Kunden erwarten ... und Imker ihnen liefern

Bei der Studie „Imkerei 2000" der Technischen Hochschule Berlin wurden die Kunden auch nach ihren Ansprüchen gefragt, die sie an die Qualität des Produkts stellen. Geschmack und Streichfähigkeit nehmen die Spitzenplätze ein. Der Honig soll

- flüssig
- naturbelassen
- aromatisch
- gesund
- natürlich
- nicht kristallisiert
- appetitlich
- kalt geschleudert
- und haltbar sein.

Sprechen hingegen Imker über die Qualität von Honig, geht es um ganz andere Begriffe. Sie nennen den HMF- und Invertase-Gehalt, Leitfähigkeit, das Pollenspektrum und den Gehalt an verschiedenen

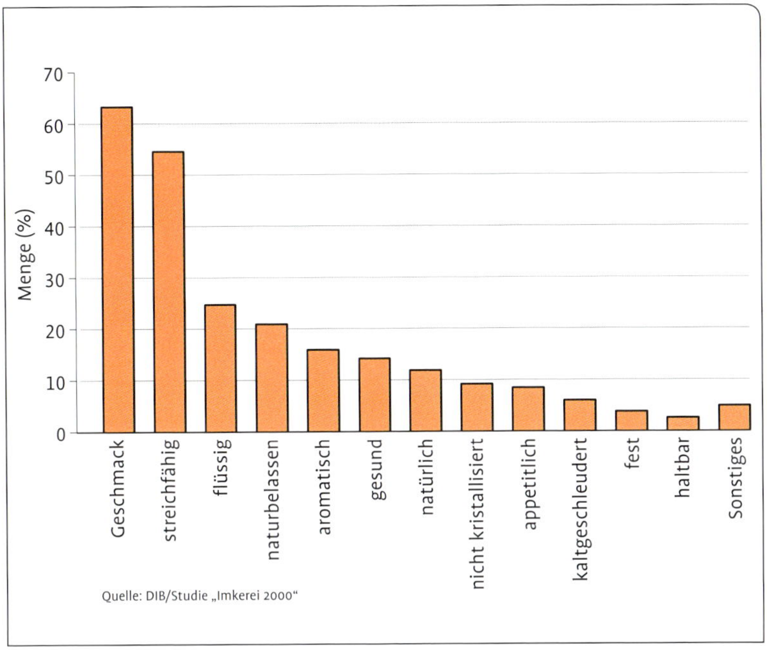

Wie wünschen sich die Verbraucher Honig?

Zuckern. Dies alles sagt dem Durchschnittskunden zwar nichts, aber trotzdem sind sie sinnvoll, denn sie schaffen eine objektive Grundlage dafür, dass Sie dem Verbraucher ein Lebensmittel von hoher Qualität garantieren können.

Erst an zweiter Stelle rangieren der Geruch und der Geschmack, der wiederum Kunden so wichtig ist. Eine zentrale Frage ist, ob ein sortentypisches Aroma vorliegt. Dazu wird das von einem Labor ermittelte Ergebnis der Pollenanalyse hinzugezogen. So gehören messbare Parameter und das Ergebnis des Geschmackstests, die sensorische Prüfung, unmittelbar zusammen. Messbare Parameter liefern objektives Zahlenmaterial und so ist es einfach, die Grenzwerte aus der Honigverordnung mit den Laborbefunden abzugleichen. Hier die wichtigsten Parameter:

Zuckerspektrum

Je nach Trachtquelle besitzen die Honige unterschiedliche Anteile der jeweiligen Zucker. Das Zuckerspektrum gibt einen Hinweis auf die Sortenreinheit und damit den Geschmack eines Honigs.

Säure

Organische Säuren prägen deutlich den Geschmack. Honigtauhonige enthalten mehr Säure. Der Säuregrad wird als pH-Wert angegeben. Je niedriger er ist, desto höher ist der Säuregrad.

Tipp
Honig mit einem zu hohen Wassergehalt kann in Gärung übergehen. Prüfen Sie daher bereits vor dem Schleudern, wieviel Wasser Ihr Honig enthält. Am besten nutzen Sie dafür ein Refraktometer.

Enzymgehalt
Der Enzymgehalt wird anhand der biologischen Aktivität gemessen. Dies ist die Eigenschaft, Zucker umzusetzen. Für Honig des Deutschen Imkerbundes (D.I.B.) wird eine Invertase-Aktivität von 64U/kg (Einheiten pro Kilogramm Honig) gefordert.

Hydroxymethylfurfural (HMF)
HMF ist ein Abbauprodukt von Zuckern. Es kommt in frischem Honig nicht oder nur in geringen Spuren vor. Honig, der erhitzt oder lange Zeit zu warm gelagert wurde, zeigt erhöhte HMF-Werte. Ein hoher Säuregehalt des Honigs fördert die Bildung von HMF. Im Honig des D.I.B. sind maximal 15 mg HMF in einem Kilogramm erlaubt.

Wassergehalt
Der Wassergehalt darf je nach Richtlinie 18% (D.I.B.) beziehungsweise 20% (Honigverordnung, HonigV) nicht überschreiten. Eine Ausnahme gilt für Heidehonig. Ein zu hoher Gehalt an Wasser deutet darauf hin, dass der Honig zu früh, also unreif, geerntet wurde.

Sensorik
Dabei prüfen die Experten im Honiglabor, ob das Produkt honigtypisch schmeckt. Sie achten besonders auf fremde Einflüsse. So bekommt Honig eine Rauchnote, wenn der Smoker vom Imker bei der Ernte zu kräftig eingesetzt wurde. Ein Benzingeschmack deutet auf

Tab. 2 Honigverordnungs- und D.I.B.-Qualitätsanforderungen an Honig

	Prüfmethode für HonigV	Prüfmethode für D.I.B.-Bestimmungen
Wassergehalt		
Allgemein	Max. 20,0% (DIN/AOAC)	Max. 18,0%
Heidehonig *(Calluna)*	Max. 23,0% (DIN/AOAC)	Max. 21,4%
Invertase (=Saccharase)	Keine Anforderungen	Mindestaktivität 64,0 U/kg (Einheiten nach Siegenthaler) Ausnahmen gelten für natürlich enzymschwache Honige 45,0 U/kg)
Diastase-Zahl nach Schade	Mindestens 8 Mindestens 3 bei natürlich enzymschwachen Honigen*	Wie HonigV
Hydroxymethylfurfural (HMF)	Max. 40 mg/kg bzw. Max. 15 mg/kg bei natürlich enzymschwachen Honigen Max. 80 mg/kg bei Honigen aus Regionen mit tropischem Klima	Max. 15 mg/kg bzw. Max. 5 mg/kg bei natürlich enzymschwachen Honigen

* Enzymschwache Honige sind beispielsweise Robinienhonig und Honige aus Massentrachten wie Rapshonig.

eine Lagerung in der Garage hin. Bei einem säuerlichen Aroma vermuten die Tester einen nicht fachgerechten Einsatz von Ameisensäure. Wichtig für die Bewertung ist, ob ein Sortenhonig auch ein sortentypisches Aroma aufweist.

Pollengehalt

Bei der Pollenanalyse werden 100 Pollen aus einer Honigprobe ausgezählt. Dies ermöglicht Rückschlüsse, welche Trachtpflanzen von den Bienen aufgesucht wurden. Das Pollenspektrum muss zur Sortendeklaration passen. Es gibt auch Auskunft über die geografische Herkunft des Honigs. Werden im Honig Pollen exotischer Herkunft gefunden, besteht der Verdacht, dass er mit Importhonigen verschnitten wurde.

Die Tabelle auf Seite 28 zeigt die unterschiedlichen Anforderungen für Honig wie sie sich aus der Honigverordnung und aus den Bestimmungen des D.I.B. ergeben. Letztere sind auch die Mindestanforderungen, welche die Anbauverbände für ökologisch erzeugten Honig verlangen.

Ausgefallene „Qualitätswünsche"

Verstehen Sie die imkerlichen Qualitätskriterien als Anhaltspunkt dafür, eine Honigqualität zu liefern, die auch die meisten Ihrer Kunden befriedigt. Kommen Sie aber im Verkaufsgespräch niemals von sich aus auf diese Qualitätskriterien zu sprechen. Sie lösen damit nur größte Verwirrung aus („Säuregehalt? Ich dachte, Honig sei süß!").

Allerdings werden Sie auch immer wieder Kunden begegnen, die ganz eigene Vorstellungen von einem guten Honig haben. Diesen Kunden sind die Bestimmungen des D.I.B. und der Anbauverbände völlig gleichgültig. Reagieren Sie nicht verunsichert! Qualität ist, was der Kunde will. So verkaufen Sie diese von der Norm abweichenden Honige erfolgreich:

Abgesetzter Honig

Steht cremiger Honig mit einem grenzwertigen Wassergehalt zu lange in einem warmen Raum, beginnt er sich abzusetzen. Unten bildet sich eine feste Schicht aus den kristallinen Bestandteilen des Honigs. Auf ihr schwimmt eine dünnflüssige Schicht. Kunden, die diesen Honig verlangen, sind echte Honigliebhaber. Mit dem flüssigen Honig süßen sie ihren Tee. Dann bohren sie ihren Löffeln tief in die feste Schicht und fördern den Honig zutage, den sie sich aufs Brot streichen, siehe Foto auf Tafel 2 unten links.

Tipp

Honige, die von der Norm abweichen, sind zu schade, um sie zu entsorgen. Es gibt auch Liebhaber für diese Qualitäten.

Harter Honig

Wird Honig mit einem hohen Traubenzuckeranteil ungerührt abgefüllt, dann kristallisiert er hart im Glas aus. Kunden, die diesen Honig kaufen, lieben harten Honig, weil sie ihn schon seit ihren Kindertagen so kennen. Der Stand der Honigkultur und das Können der Imker war damals noch nicht so hochentwickelt wie heute. Für diese Kunden ist Cremigkeit ein Qualitätsmerkmal von Industriehonigen. Echter Honig müsse hart sein, meinen sie.

Schmutziger Honig
Haare und Metallabrieb mag wohl kein Kunde, doch es gibt Honigesser, die suchen unabgeschäumten oder nur grob gesiebten Honig, weil sie der Auffassung sind, dass Pollen- und Wachsbrocken so etwas wie die Vitamine im Honig sind. In den USA kommt diese Qualität als „Raw honey“ (roher Honig) in den Verkauf und ist sehr beliebt.

Alter Honig
Althonig landet bei vielen Imkern im Futtergeschirr für die Bienen, dabei gibt es Honigliebhaber, die gezielt nach lang gelagertem Honig fragen. Oft sind es Anhänger der indischen Ayurveda-Lehre. Damit Honig seine heilende Wirkung entfalten kann, sollte ayurvedischer Honig mindestens ein Jahr gelagert worden sein.

Angegorener Honig
Honig, der bereits in Gärung übergegangen ist, darf nicht mehr als Honig (§ 3 Abs. 2 HonigV) verkauft werden. Viele Imker verfüttern ihn oder sie arbeiten ihn zu Honigwein um. Indes gibt es auch Liebhaber für dieses Honigprodukt. Angegorener Honig bekommt eine fruchtige Note, die von manchem als angenehm empfunden wird.

Kalt geschleuderter Honig
Dieser Begriff ist für viele Imker ein rotes Tuch: *„Die Werbung mit kalt geschleudertem Honig ist ein Ärgernis für jeden ehrbaren Imker.“* (Imkerverein Bad Schwalbach).

Tipp: Belehren Sie niemals Ihre Kunden

Regelmäßig führt es zu Verstimmungen zwischen Imker und Kunde, wenn letzterer zum Beispiel einen grob kristallisierten Honig wünscht und der Imker ihm antwortet: „Ich habe keinen Sandpapierhonig. Ich habe nur Qualitätshonig.“ Eine solche Antwort verstehen Kunden als belehrend. Natürlich wollen Kunden immer nur die beste Qualität. Sagen Sie ihnen nicht, dass sie ***nach imkerlichen Maßstäben*** etwas Minderwertiges wünschen. Wenn Sie solche Kundenwünsche ernst nehmen, werden Sie treue und geduldige Käufer gewinnen.

Tab. 3 Anforderungen an Bienenwachs

Kennzahl/Prüfzahl	Prüfmethode	Sollwert
Tropfpunkt	entsprechend DAB 10	61–65°C
Säurezahl	entsprechend DAB 10	17–24
Verseifungszahl	entsprechend DAB 10	87–104
Esterzahl	entsprechend DAB 10	70–80
Verhältniszahl	entsprechend DAB 10	3,3–4,3
Gesamtkohlenwasserstoffe	entsprechend DGF M-V 6	Maximal 18%

DAB = Deutsches Arzneibuch, DGK = Deutsche Gesellschaft für Fettwissenschaft

Bei Kunden gilt er als Ausdruck höchster Qualität, möglicherweise in Anlehnung an die Qualitätsbezeichnung kaltgepresstes Olivenöl?

Bemühen Sie sich nicht, Ihren Kunden zu erklären, dass die Bezeichnung Unsinn ist. Qualität ist, was der Kunde dafür hält! Antworten Sie also auf die entsprechende Frage mit einem freundlichen Satz: „Selbstverständlich ist der Honig kalt geschleudert."

Qualitätsvoraussetzungen für Kerzen

Was für das Imkereiprodukt Honig die Honigverordnung ist, das ist für Kerzen die allgemeine Güte- und Prüfbestimmungen für Kerzen – RAL-GZ 041. Als Bienenwachskerze dürfen die Lichter nur bezeichnet werden, wenn die Brennmasse aus Bienenwachs ohne jegliche Beimischung besteht. Sauberes Bienenwachs erhalten Sie durch mehrmaligen Einschmelzen und langsames Abkühlen in einem Klärbehälter. Eine andere Möglichkeit ist der Umtausch des gebrauchten Wachses in Wachs-Pellets bei einem Wachsverarbeiter.

Die Qualität von Propolis

Für die Vermarktung von Propolis in kosmetischen Produkten wird der Grundstoff Rohpropolis in gleichbleibend guter Qualität benötigt. Es fehlt bisher an verbindlichen Standards, die diese Qualität sichern könnten.

Am Institut für Bienenkunde der Universität Hohenheim läuft ein Projekt, das Kriterien für die Messung der Propolisqualität erarbeiten soll. Die ersten Ergebnisse werden frühestens im Jahr 2011 erwartet. Propolisuntersuchungen werden durch ist die starke Schwankung der Zusammensetzung des Kittharzes erschwert. Bisher fand man 200 verschiedene Substanzen in Propolis.

Die Qualität des Bienenkittharzes hängt auch davon ab, wie Propolis von Ihnen als Imker gewonnen wird. Es muss sauber sein, das heißt, es darf keine Holz- oder Metallsplitter enthalten, auch keine Bienenreste.

Tipp

Bei der Propolisgewinnung ist es wichtig, dass Sie als Imker bei Ihrer Bienenhaltung auf fettlösliche Varroabekämpfungsmittel verzichten. Diese hinterlassen Rückstände im Wachs. Da Propolis zwischen 10 und 40% Wachs enthält, wären die Rückstände zweifellos auch im Propolis zu finden.

Wie breit und wie tief soll das Angebot sein?

Sie kennen nun Ihre Kunden, Ihre Imkereiprodukte und deren Qualität. Im nächsten Schritt überlegen Sie sich, wie breit gefächert und wie tief Ihr Angebot sein soll. Breit aufgestellte Imkereien sind Betriebe, die fast alles anbieten, was es an Honig, Propolis und Wachskerzen gibt. Spezialisiert dagegen haben sich Imkereien mit einem tiefen Angebot. Sie bieten aus der Fülle möglicher Imkereiprodukte nur einen Ausschnitt an, diesen aber in allen erdenklichen Variationen, wie etwa Geschmacksrichtungen oder Verpackungsgrößen.

Tipp
Überlegen Sie sich, wie viele Honigsorten Sie anbieten wollen. Honig ist enorm vielfältig. In der Praxis gibt es Imkereien, die sich auf eine Tracht und damit auf eine Sorte Honig beschränken. Das ist bei den klassischen Heideimkern so, die eine speziell auf diese eine Tracht ausgerichtete Betriebsweise nutzen.

Direkt vermarkten

Sehr viele kleine Imker, die ihre Imkereiprodukte direkt vermarkten, entscheiden sich für ein breites Angebot. „Für jeden möglichen Kunden etwas“, heißt die Devise. Das Bild vom Kunden ist dabei unscharf und so ist auch das Angebot: drei bis fünf Honigsorten, Kosmetika, Propolis und Kerzen in allen Größen und Formen.

Der Schlüssel zum erfolgreichen Verkaufen ist es aber nicht, für jeden irgend etwas, sondern für spezielle Kunden das Besondere zu liefern. Zwar haben auch Generalisten ihre Daseinsberechtigung, denn sie kümmern sich um eine Grundversorgung mit Imkereiprodukten. Eine bessere Kundenbindung und höhere Verkaufpreise erzielen die Spezialisten.

Umsatzbringer

Die meisten erwerbsorientierten Imkereien bedienen jedoch eine Vielzahl verschiedener Geschmäcker. Zehn Honigsorten sind Standard. Blickt man indes bei diesen Imkereien in die Bücher, stellt man fest, dass zehn Honigsorten nichts über den Erfolg im Verkauf aussagen. Nach dem „Pareto-Prinzip“ werden mit 20 % der Honigsorten 80 % der Umsätze und Erträge erwirtschaftet.

Welche Honigsorten Bestseller sind, ist regional unterschiedlich und hängt von den jeweiligen Vorlieben Ihrer Kunden ab. In Norddeutschland gehört Rapshonig, in Süddeutschland Waldhonig und in Berlin Lindenhonig zu den Umsatzbringern. Es gibt also gute Gründe, sich nur auf die Umsatzbringer und damit auf das Teilsortiment zu beschränken, das bei Ihren Kunden am meisten gefragt ist.

Tipp
Ein Vollsortiment hilft Ihnen, Ihre Bestseller besser zu verkaufen. Ihre Kunden nehmen an, dass jemand, der einen seltenen Honig liefern kann, auch bei den gängigen Sorten eine besonders gute Qualität liefert.

Vollsortiment

Als Vollsortiment-Imker mit einem breiten, selbst erzeugten Honigangebot haben Sie wesentlich höhere Produktionskosten, denn viele Honigsorten können Sie nur erzeugen, wenn Sie weite Wanderungen unternehmen. Für Edelkastanienhonig nach Rheinland-Pfalz, für Waldhonig in den Schwarzwald, für Rapshonig nach Schleswig-Holstein, für Robinienhonig ins Saarland, für Sonnenblumenhonig nach Brandenburg und so weiter ... Da kommen innerhalb weniger Wochen viele hundert Autobahnkilometer zuzüglich Übernachtungskosten zusammen. Währenddessen muss in der heimatlichen Imkerei der Betrieb weiterlaufen, was sich ohne zusätzliches Personal nicht erledigen lässt.

Trotz dieser hohen Mehrkosten gibt es auch Gründe, die für ein Vollsortiment sprechen. Ein breites Angebot wirkt auf viele Kunden attraktiv, selbst wenn sie persönlich gar nicht alles probieren möchten, sondern bei „ihrer" Sorte bleiben, siehe Foto auf Tafel 2 unten rechts.

Gut zu wissen

Bei der Entscheidung für ein Vollsortiment sollten Sie stets im Hinterkopf behalten, dass Sie Ihre Gewinne nicht mit Buchweizen-, Edelkastanien- oder Spargelhonig erzielen, sondern mit den 20 % Honigsorten, die 80 % Ihrer Kunden wünschen, also in der Regel mit Frühjahrsblüte, Blüten- und Rapshonig.

In der Praxis tauschen viele Vollsortiment-Imker Honig untereinander aus. Damit verzichten sie zwar auf den größten Teil der Wertschöpfung aus den seltenen Sortenhonigen, doch darauf kommt es ihnen auch gar nicht an. Sie verdienen ja an den selbsterzeugten Massentrachten. Das Vollsortiment rundet das eigene Angebot nur ab.

Finden Sie die richtige Verpackung für Ihr Produkt

Bei vielen Imkereiprodukten müssen Sie sich kaum Gedanken um die Gestaltung der Verpackung machen. Propolislösung wird in braunen Tropfflaschen und Propolissalbe im Tiegel verkauft. Kerzen

Nehmen Sie keine braunen Gläser

Im Imkereifachhandel erhalten Sie braune Honiggläser. Für das lichtempfindliche Produkt Honig ist das zweifellos die beste Lösung. Doch Honig in braunen Honiggläsern bleibt beim Imker wie Blei im Regal liegen. Warum? Kunden sind klare Gläser gewohnt und möchten den Honig sehen, den sie kaufen. Imker, die vom Produkt aus denken, entscheiden sich für braunes Glas. Imker, die vom Kunden aus denken, wählen eine Verpackung, die bei ihren Kunden ankommt.

finden unverpackt oder in eine PP-Folie eingeschlagen ihre Käufer. Eine besondere Verpackung ist nicht nötig, weil das Produkt für sich spricht.

Völlig anders sieht es beim Honig aus. Honig ist für sich genommen ein schmieriger, zäher, gelblicher Sirup. Honig wird erst durch die richtige Verpackung so ansprechend, dass Kunden das Wasser im Munde zusammenläuft und sie ihn unbedingt haben möchten, siehe Foto auf Tafel 3 oben links.

Vermarktungshilfe D.I.B.

Rund 55 % des in Deutschland produzierten Honigs kommt nach Angaben des D.I.B. im Einheitsglas auf den Markt. Was nicht weiterverarbeitet wird, kommt im Neutralglas mit einem individuellen Etikett in den Verkehr. Obwohl der D.I.B. eine Organisation überwiegend von Hobbyimkern ist, bietet Ihnen der Verband als Mitglied nach der Absolvierung eines Honiglehrgangs einen professionellen Marktauftritt. Das ist ein großartiges Angebot, das Sie als Mitglied eines Imkervereins nutzen können.

Gut zu wissen

Das D.I.B.-Etikett hat zahlreiche Vorteile gegenüber der neutralen Variante. Es steht für eine eingeführte Marke mit klar definierten Qualitätskriterien. Es wird regelmäßig in Marktforschungen auf seine Zugkraft bei Honigkäufern überprüft und bei Bedarf überarbeitet.

Eigene Verpackung

Wenn Sie statt des D.I.B.-Etiketts ein selbstgestaltetes nutzen möchten, sollten Sie sich darüber im Klaren sein, dass Ihr Produkt mit Honig aus dem D.I.B.-Glas konkurriert. Soll Ihr Honig mindestens als gleichwertig erscheinen, kommen Sie nicht um eine professionelle Gestaltung und Markteinführung des eigenen Etiketts herum. Trifft Ihr Etikett dann den Geschmack Ihrer Zielgruppe, können Sie aber mit Leichtigkeit 20 % bis 40 % mehr pro Glas erlösen. Gehen Sie in sieben Schritten vor.

Tipp

Sparen Sie nicht bei der Gestaltung eines eigenen Etiketts. Beauftragen Sie einen Werbegrafiker oder Produktdesigner. Jeder dafür ausgegebene Euro macht sich bezahlt.

Schritt 1: Sich selbst erkennen

Imker wünschen sich aus den unterschiedlichsten Gründen ein eigenes Etikett. Prüfen Sie, was auf Sie zutrifft. Erkennen Sie sich in einem dieser Typen wieder, dann kommt für Sie tatsächlich nur ein eigenes Glas mit einem individuell für Sie gestalteten Etikett in Frage.

- **Individualisten** legen Wert auf eine Verpackung, die außer ihnen kein anderer hat.
- **Bioimker** möchten keinesfalls, dass ihr Produkt mit konventionell erzeugtem Honig verwechselt wird.
- Sparsame Zeitgenossen glauben, dass sie mit dem billigeren Neutralglas **Geld sparen** können.
- Experimentierfreudige Honigproduzenten brauchen eine Verpackungslösung für Ihre **besonderen Kreationen** wie etwa Honig mit Chilipulver.
- Kunstliebhaber suchen eine Verpackung, die ihren **ästhetischen Ansprüchen** genügt.
- Kühle Rechner verwenden Behälter, die es ihnen erlauben, **viel Verpackung** mit **wenig Honig** zu verkaufen. Diese Gläser fassen beispielsweise nur 375 g Honig, sehen aber aus, als enthielten sie 500 g.

Schritt 2: Zielgruppe bestimmen

Honig gewinnt erst durch eine Verpackung an Wert. Je besser das Etikett Ihren Kunden gefällt, desto mehr sind sie bereit, für Ihren Honig Geld auszugeben. Nicht allein der Preis entscheidet beim Honigverkauf, sondern die Aufmachung! Daher ist es wichtig, dass Sie Ihre Kunden ganz genau kennen. Trennen Sie sich von der überholten Vorstellung, Ihr Etikett müsse allen möglichen Kunden gefallen. Beschränken Sie sich auf eine Zielgruppe und treffen Sie deren Geschmack dafür umso genauer.

Schritt 3: Profi beauftragen

Wenn Sie nicht selbst in einen kreativ-gestalterischen Beruf ausüben, probieren Sie gar nicht erst, ein Etikett selbst zu entwerfen. Es wird immer nur laienhaft sein!

Überlassen Sie die Gestaltung unbedingt Fachleuten, die das gelernt haben und können. Idealerweise hat der Grafiker schon für Ihre Zielgruppe gearbeitet. So hat eine bekannte Kinderbuchillustratorin den Entwurf „bunte Blumen“ für eine Zielgruppe von städtisch-urbanen jungen Müttern gestaltet, siehe Foto auf Tafel 3 oben rechts.

Tipp

Bitten Sie den Gestaltungsprofi um mehrere Entwürfe und wählen Sie den aus, der zu Ihrer Zielgruppe am besten passt.

Schritt 4: Entwürfe diskutieren

In der Regel wird Ihr Gestalter Ihnen sechs bis zehn Entwürfe vorstellen. Diese können skizzenhaft oder schon relativ weit ausgearbeitet sein. Diskutieren Sie mit ihm die einzelnen Entwürfe und lassen Sie sich erzählen, was er sich dabei gedacht hat.

Prüfen Sie das Gehörte mit den Kenntnissen über Ihre Zielgruppe. Wenn Sie den Eindruck haben, dass die Idee zu Ihrer Zielgruppe passt, dann sind die Entwürfe gut.

Wählen Sie die drei Entwürfe aus, die Ihnen am besten gefallen. Bitten Sie den Gestalter, von diesen Entwürfen Modelle anzufertigen. Das sind etikettierte Gläser, die schon wie das fertige Produkt aussehen, aber noch Einzelanfertigungen sind, siehe Foto auf Tafel 3 unten links.

Schritt 5: Muster testen

Mit den Mustern testen Sie nun, welche der neuen Verpackungen bei Ihren Kunden am besten ankommt. Starten Sie Ihre eigene Mini-Marktforschung. Widerstehen Sie der Versuchung, die Modelle allen möglichen Leuten zu zeigen.

- Fragen Sie **nicht** Arbeitskollegen und Familienmitglieder. Diese kaufen den Honig aus Verbundenheit zu Ihnen. Das Etikett interessiert sie nicht besonders.
- Fragen Sie **keine Laufkundschaft**, die nur hin und wieder einen Honig bei diesem oder jenem Imker kauft.
- Fragen Sie keine Leute, von denen Sie wissen, dass sie den **gleichen Geschmack wie Sie** haben. Suchen Sie nicht nach Kunden, die Ihre Meinung bestätigen.

Tipp
Fragen Sie nur Stammkunden, die ihren gesamten Honigbedarf bei Ihnen decken. Wenn Sie diese Kunden bei einer solch wichtigen Frage mit einbeziehen, stärken Sie die Kundenbindung an Ihre Imkerei ungemein.

Schritt 6: Druck kalkulieren

Rechnen Sie aus, wie viele Etiketten Sie voraussichtlich benötigen und deshalb drucken lassen möchten. Holen Sie mindestens drei Angebote bei Druckereien ein. Entscheiden Sie sich nicht für das billigste Angebot, sondern für den Drucker, der Sie bei der Umsetzung Ihres Etiketts am besten unterstützt, Ihnen also zum Beispiel Papierproben für Klebeversuche überlässt.

In der Regel ist das D.I.B.-Etikett die preiswertere Variante. Die Musterkalkulation gilt für ein Etikett und einen Gewährverschluss (Banderole) mit einer Auflage von 30.000 Stück. Alle genannten Preise sind Nettopreise.

Tipp
Um Kosten zu sparen, lohnt es sich, den Bedarf von drei bis fünf Jahren auf einmal drucken zu lassen.

Tab 4. Musterkalkulation für die Herstellung eigener Etiketten

Leistung	Kosten
Gestaltung durch Produktdesigner	300 €
Drucken und Schneiden des Etiketts, 1-farbig	375 €
Drucken und Stanzen des Gewährverschlusses, 3-farbig (grün, schwarz, gold)	1.980 €
Anfertigung einer Stanzform	130 €
Kaltleim (1kg)	15 €
Summe	2.800 €

Ein Etikett kostet nach dieser Kalkulation 9,3 Cent bei einer Auflage von 30.000 Stück. Zum Vergleich: Ein D.I.B.-Etikett mit Namenseindruck schlägt mit 3,6 Cent zu Buche.

Schritt 7: Neuen Marktauftritt bewerben
Mit dem neuen Etikett ist die Arbeit noch nicht abgeschlossen. Informieren Sie Ihre Kunden über das neue Erscheinungsbild Ihres Honigs. Ändern Sie Ihre Werbematerialien wie Handzettel und Preislisten. Und wenn Sie gerade dabei sind, dann passen Sie auch gleich die Preise an. Denn Ihr altes Etikett ist von gestern. Mit dem neuen erhalten Ihre Kunden einen schöneren und moderner aussehenden Honig. Das ist einen mindestens 20% höheren Preis wert.

Ein neues Produkt entwickeln

Die 9-Felder-Matrix ist ein Hilfsmittel, mit dem Sie aus neuen oder geänderten Bedürfnissen Ihrer Kunden ein neues oder überarbeitetes Produkt entwickeln. Sie fassen damit alles zusammen, was Sie über das Produkt und seine Nutzer wissen.

Doch die 9-Felder-Matrix kann noch mehr. Sie hilft Ihnen, Ihre Mitarbeiter im Verkauf, etwa Ihre Markthändler und Wiederverkäufer zu schulen. Sie unterstützt Sie dabei, dass Ihre Imkerei für Kunden zu einer Marke wird, das heißt dass Ihre Kunden bestimmte Werte

Tab 5. Beispiel einer 9-Felder-Matrix: Neues Produkt suchen

Zielgruppe	Produkt	Vertrieb
Feld 1 **Zielgruppe** (Für wen?) *Für wen will ich das Produkt anbieten?* *Wie lassen sich die soziografischen Merkmale der Zielgruppe zusammenfassen?*	Feld 4 **Physische Eigenschaften** (Woraus?) *Welche messbaren Eigenschaften soll das Produkt haben?* *Woraus besteht es?*	Feld 7 **Vertriebswege** (Wodurch?) *Auf welchem Vertriebsweg möchte ich das Produkt zu meinen Kunden bringen?*
Feld 2 **Leidensdruck** (Was stört?) *Was vermisst die Zielgruppe an ähnlichen Produkten?* *Welche Sorgen, Probleme und Befürchtungen hat die Zielgruppe?*	Feld 5 **Verpackung** (Wie?) *Welche geeigneten Verpackung(en) möchte ich für mein Produkt wählen?*	Feld 8 **Preis** (Wofür?) *Für welchen Preis und in welcher Form (z. B. in Aktionen) möchte ich das Produkt anbieten?*
Feld 3 **Wünsche und Interessen** (Wozu-Frage?) *Welche Interessen will die Zielgruppe befriedigen?*	Feld 6 **Form und Gestalt** (Was?) *Welchen zu den Wünschen passenden Inhalt möchte ich bieten?*	Feld 9 **Werbebotschaft** (Womit?) *Wie trete ich der Zielgruppe gegenüber am überzeugendsten auf?* *Mit welchen Werbemitteln möchte ich sie auf das Produkt aufmerksam machen?*

mit Ihrer Imkerei verbinden. Außerdem ist die 9-Felder-Matrix ein hervorragendes Instrument für Ihre Marktforschung, denn sie stößt Sie förmlich mit der Nase auf die wirklich wichtigen Fragen bei der Produktentwicklung.

Tab. 6. Beispiel einer 9-Felder-Matrix: Von der Idee zum Produkt „Honigsouvenir"

Zielgruppe	Produkt	Vertrieb
Feld 1 **Zielgruppe** *Touristen auf Städtereise in Berlin.* *Baedecker statt PocketGuide* *höherer Schulabschluss, gutes Einkommen* *kulturell interessiert, kultiviert,* *genussorientiert* *Altersgruppe 50+*	Feld 4 **Physische Eigenschaften** *Lindenhonig in D.I.B.-Qualität, besser Bio-Qualität* *feinsteife Konsistenz (Auslaufschutz)*	Feld 7 **Vertriebswege** *ausschließlicher Vertrieb über Wiederverkäufer*
Feld 2 **Leidensdruck** *sind mit Souvenirs aus den einschlägigen Läden unzufrieden (billig & ramschig)* *wollen nicht noch ein Buch oder einen anderen Staubfänger* *suchen etwas Besonderes* *bringen sich aus dem Urlaub sonst Wein, Käse, Schinken mit, die es in Berlin als Spezialität nicht gibt*	Feld 5 **Verpackung** *kleines 50-g-Glas (handlich und unzerbrechlich, reicht für 1 Frühstück)* *hochglänzendes Etikett mit passendem Motiv (Brandenburger Tor und Unter den Linden)* *goldener Deckel (unterstreicht Wertigkeit)*	Feld 8 **Preis** *0,90 € (zzgl. 7% MwSt) Zielpreis im Wiederverkauf unter 2 €*
Feld 3 **Wünsche und Interessen** *wollen etwas „Typisches" für Berlin* *muss gut transportabel sein* *darf nicht auslaufen oder zerbrechen* *sollte nicht zu viel Platz wegnehmen* *sollte auch als kultiviertes Mitbringsel geeignet sein*	Feld 6 **Form** *typisches Honigglas* *nichts Kitschiges (wie z. B. Bärchen)*	Feld 9 **Werbebotschaft** *Berlin zu Hause genießen* *sei natürlich – sei gesund – sei Berlin (Berlin Botschafter)*

Wie Sie einen guten Preis erzielen

In allen Untersuchungen, die der Deutsche Imkerbund in der Vergangenheit durchgeführt hat, steht der Preis in der Reihenfolge der Motive, warum Verbraucher Honig kaufen, auf den hinteren Rängen. Das heißt im Klartext: Der Preis, den Sie für Ihren Honig haben wollen, ist dem Kunden nicht so wichtig – Hauptsache er bekommt überhaupt welchen. Diese Situation ist für einen Verkäufermarkt typisch, auf dem die Nachfrage größer ist als das Angebot an Ware. Weil das Angebot relativ knapp ist, haben die Preise die Tendenz, zu steigen.

Dies trifft bei Honig und anderen Imkereiprodukten jedoch nur zum Teil zu. Insgesamt haben sich hier die Verkaufspreise in den vergangenen acht Jahren kaum verändert – trotz gestiegener Kosten. Auffallend ist die Tendenz, dass für seltene und bisher eher teure Honige die Preise sogar gefallen sind. Dies gilt indes nur für konventionell erzeugten Honig – trotz fallender Erntemengen. Bioimker konnten in den vergangenen Jahren für alle Honigsorten höhere Preise erlösen – trotz steigender Erntemengen.

Die Honigmarktuntersuchungen des D.I.B. zeigen, dass die Preise regional sehr stark schwanken. Im Osten Deutschlands liegen die Preise für konventionellen Honig bei einzelnen Imkern um bis zu 60 % unter den Preisen, die für vergleichbare Ware in Westdeutschland bezahlt wird. Einen solch großen Abstand gibt es bei keinem anderen Lebensmittel.

Die unterschiedlichen Preisentwicklungen bei konventioneller und bei Bioware sowie zwischen Ost und West in Verbindung mit der geringen Preissensibilität der Verbraucher bei Honig deuten darauf hin, dass viele Imker höhere Preise erzielen könnten, wenn sie denn wollten, siehe Foto auf Tafel 3 unten rechts. In diesem Kapitel lesen Sie, wie Sie angemessene Preise für Ihre Imkerprodukte finden.

Tab. 7 Preisentwicklung für verschiedene Honige pro 500-g-Glas (Endverbraucherpreise inkl. MwSt.)

Sorte	Durchschnittspreis 2006 konv./Bio	Durchschnittspreis 2007 konv./Bio	Durchschnittspreis 2008 konv./Bio	Durchschnittspreis 2009 konv./Bio
Frühjahrsblüte	3,39 € / 4,68 €	3,34 € / 4,63 €	3,37 € / 4,62 €	3,63 € / 4,86 €
Sommerblüte	3,63 € / 5,03 €	3,58 € / 5,02 €	3,62 € / 4,98 €	3,78 € / 5,16 €
Raps	3,54 € / 4,49 €	3,50 € / 4,35 €	3,60 € / 4,47 €	3,60 € / 4,71 €
Heidehonig	7,50 € / 7,89 €	7,50 € / 7,56 €	7,80 € / 8,07 €	7,60 € / 8,33 €
Lindenhonig	3,86 € / 5,19 €	3,66 € / 5,44 €	3,91 € / 5,20 €	3,68 € / 5,46 €
Akazie/Robinie	3,58 € / 5,71 €	3,89 € / 5,55 €	4,24 € / 5,53 €	3,85 € / 5,71 €
Wald	4,21 € / 7,83 €	4,39 € / 7,73 €	4,50 € / 7,80 €	4,42 € / 6,56 €

Orientieren Sie sich am allgemeinen Preisniveau

Um einen Preis für ihre Ware zu finden, machen es sich viele Imker ganz einfach. Sie ermitteln das Preisniveau für Honig, Wachskerzen und so weiter in ihrer Region und orientieren sich daran, indem sie für vergleichbare Produkte aus ihrer Imkerei ähnlich viel verlangen. Die Preise finden sie an folgenden Quellen:

- Wochen-, Krämer- und Weihnachtsmärkte
- Feinkostgeschäfte und Bioläden
- Preislisten von anderen Imkern ihrer Region im Internet oder als Aushang
- Markterhebungen ihres Imkerverbandes
- Gespräche mit anderen Imkern

Falls Sie bisher Ihre Verkaufspreise nach dieser Methode gefunden haben, sollten Sie darauf achten, nicht Äpfel mit Birnen zu vergleichen. Schauen Sie nur nach Waren, die wirklich Ihren Imkereiprodukten entsprechen. Wenn Sie aus diesen Preisen den Durchschnitt bilden, haben Sie in der Regel zwar keinen guten, aber auch keinen schlechten Preis.

Tipp: Vergleichen Sie die Preise

Selbstständige Lebensmittelhändler, die ihre Ware über EDEKA oder REWE beziehen, besitzen ein sehr gutes Gespür für Preise. Schauen Sie im Honigregal nach, wie der Honig im D.I.B.-Glas ausgepreist ist. Diesen Preis können Sie für Ihren Honig in jedem Fall verlangen. Besser, Sie schlagen noch einmal 10 % bis 15 % auf, denn auch dies ist realistisch.

Testen Sie die Zahlungsbereitschaft aus

Wie die Studie „Imkerei 2000“ gezeigt hat (siehe Seite 27), hängen Honigpreise sehr stark von individuellen Vorstellungen, Wünschen und Zwängen des jeweiligen Verkäufers – und nicht des Kunden – ab.

Um die Zahlungsbereitschaft Ihrer Kunden zu erkennen, können Sie im Rahmen einer Marktforschung nachfragen, welchen Preis Kunden für ein Glas einer bestimmten Sorte zu zahlen bereit sind. Der D.I.B. gab zuletzt im Jahr 2000 eine solche Umfrage in Auftrag. Danach war jeder Vierte der befragten Kunden bereit, für ein 500-g-Glas Honig bis zu 5 € (10 DM) zu bezahlen. Diese historische Umfrage zeigt Ihnen, dass es schon vor über zehn Jahren zahlreiche Kunden gab, die für einen qualitativ hochwertigen Honig einen hohen Preis zu zahlen bereit waren.

Preisabfrage

Eine solche Preisabfrage können Sie bei Ihren Imkereiprodukten ebenfalls durchführen. Zur Ermittlung ihrer Zahlungsbereitschaft müssen die Befragen direkt einen Preis für ein gegebenes Imkereiprodukt nennen. Im täglichen Leben kommen Konsumenten jedoch vergleichsweise selten in die Situation, dass die Preistoleranz oder maximale Zahlungsbereitschaft angeben müssen. Eine offene Abfrage der Zahlungsbereitschaft bringt nur dann gute Ergebnisse, wenn die Befragten sich an frühere Einkäufe oder mögliche Marktpreise etwa von anderen Imkern erinnern können und diese Informationen beim eigenen Kauf berücksichtigen.

Gut zu wissen
Preisabfragen sind nur bei solchen Kunden sinnvoll, die sich bereits im Vorfeld mit den Preisen auskennen.

Kaufabfrage

Seltene Imkereiprodukte wie Propolis und seltene Sortenhonige eignen sich nicht für Preisabfragen, gängige Honigsorten wie Blüten- und Rapshonig hingegen schon.

Wahlentscheidungen (kaufen oder nicht kaufen) werden dagegen bei nahezu jedem Einkauf getroffen. Solche Kaufabfragen sind grundsätzlich realitätsnäher und von Ihren Kunden leichter zu beantworten. Geben Sie einen Produktpreis vor und fragen Sie, ob die Kunden dieses Produkt zu dem Preis kaufen würden. Sie können auf diese Weise verschiedene Produktalternativen, zum Beispiel verschiedene Honigsorten und Verpackungsgrößen, präsentieren. Die Befragten wählen dann die Alternative aus, die ihren Anforderungen am besten entspricht.

Beispiel: Imker Honigsüß nimmt an, dass seine Kunden bereit sind, für ein 500-g-Glas Heidehonig zwischen 7 und 12 € zu bezahlen. Eine Studie der Marktpreise hat ergeben, dass diese Sorte im Durchschnitt 8,10 € kostet. Entsprechend werden von ihm die Ausprägungen 7 €, 9,50 € und 14 € untersucht.

Kalkulieren Sie den Verkaufspreis

Mit dem Verkauf Ihrer Imkereiprodukte müssen Sie Ihre Kosten decken. Daher kommt es nicht nur darauf an, welchen Preis Ihre Kun-

Probieren Sie Preise am Kunden aus

Die Zahlungsbereitschaft Ihrer Kunden können Sie auch durch einen Markttest ermitteln. Falls Sie zum Beispiel zwei vergleichbare Honige wie Frühjahrs- und Sommerblüte haben, geben Sie die eine Honigsorte für 4 €, die andere für 5 oder 6 € ab. Vergleichen Sie die Verkaufszahlen nach drei Monaten. Sollten Sie den Eindruck haben, dass der höhere Preis nicht abgeschreckt hat, heben Sie den Preis für die günstigere Sorte an.

den zu zahlen bereit sind, sondern der Verkauf Ihrer Imkereiprodukte muss sich auch für Sie lohnen. Hierzu ermitteln Sie einen Herstellkostenpreis. Beantworten Sie diese Fragen:

- Welche Kosten verursacht die Produktion von selbst erzeugten Imkereiprodukten?
- Was kostet es, meine Produkte zu verkaufen?

Antworten erhalten Sie hierbei nur, wenn Sie ein geordnetes Rechnungswesen haben, also alle Ausgaben notieren und sie möglichst genau einzelnen Produkten zurechnen. Das ist einfacher, als es zunächst scheint. Gehen Sie dabei in vier Schritten vor.

Tipp
Auch als Klein- und Hobbyimker sollten Sie Einnahmen aus und Ausgaben für die Imkerei erfassen. So sichern Sie den häuslichen Frieden.

Schritt 1

Ermitteln Sie die **variablen Kosten**. Das sind solche, die Sie jedem Imkereiprodukt individuell zurechnen können. Gäbe es das Produkt nicht, entstünden sie auch nicht. Typische variable Kosten sind solche, die bei Wanderungen entstehen wie Miete des Anhängers, gefahrene Kilometer und für Verpackungen wie Gläser und Etiketten. Kosten für Futtermittel, Arzneimittel (Ameisensäure) und Mittelwände können Sie durch die Menge des geernteten Honigs teilen und dann gleichmäßig jedem Glas Honig zurechnen.

Schritt 2

Ermitteln Sie nun die **fixen Kosten**. Sie entstehen selbst wenn Sie nichts produzieren und verkaufen. Typischerweise gehören dazu die jährlich anfallenden Kosten aus Abschreibungen etwa aus dem Kauf einer neuen Schleuder oder dem (Aus-)Bau von für die Imkerei genutzten Räumlichkeiten, Miete für die Räume Ihrer Imkerei, Heizung, Strom, Versicherung, Telefon und Internet, Werbung, Kredite und so weiter. Die Summe dieser fixen Kosten teilen Sie durch die Anzahl der von Ihnen produzierten Gläser Honig. So erhalten Sie den Fixkostenanteil, der in jedem Honigglas steckt.

Schritt 3

Für das Wachstum Ihrer Imkerei brauchen Sie Kapital. Außerdem zahlt erfahrungsgemäß nicht jeder Kunde wie erhofft. Dafür und für Steuernachzahlungen brauchen Sie einen finanziellen Puffer. Um wirklich sicherzugehen, nehmen Sie am besten einen prozentualen Aufschlag. Als unproblematisch hierbei haben sich Aufschläge um 20 % erwiesen.

Schritt 4

Rechnen Sie alle Kosten zusammen und addieren Sie den Gewinnaufschlag. Die Formel für einen kostendeckenden Preis Ihrer Imkereiprodukte lautet:

Preis = fixe Kosten + produktbezogene Kosten + Gewinnaufschlag

Den optimalen Preis gibt es nicht. Sie können zwar Ihre unterste Preisgrenze berechnen, letztendlich kommt es jedoch sehr darauf an, wie Sie Ihre Leistung verkaufen können und ob Sie den Mehrwert, den Sie schaffen, auch vermitteln können.

Wie Sie Ihren Preis für Wiederverkäufer finden

Nicht jeder Imker verkauft seine Produkte selbst an Endverbraucher. Diese Imker geben ihre Ware an gewerbliche Wiederverkäufer ab. Für die Preise, die Sie von Wiederverkäufern nehmen, gelten grundsätzlich die gleichen Prinzipien wie für den Endverbraucherpreis. Auch Wiederverkaufspreise müssen

- marktgerecht sein,
- von Ihren Wiederverkäufern bezahlt werden und
- Ihre Kosten decken.

Viele Händler und Hersteller machen ein großes Geheimnis um die Frage, zu welchen Konditionen sie Ware kaufen oder verkaufen. Um einen Anhaltspunkt zu erhalten, zu welchem Preis andere Imker ihren Honig an den Handel abgeben, können Sie den Nettoverkaufspreis zum Beispiel wie folgt zurückrechnen:

Schritt 1
Ziehen Sie vom Verkaufspreis des Einzelhändlers die Mehrwertsteuer ab: beispielsweise Bruttoverkaufspreis: 9,69 € – 7 % = 9,01 € Nettoverkaufspreis

Schritt 2
Rechnen Sie die Handelsspanne des Einzelhändlers ab. Einzelhänder, die einheimische Imkereiprodukte verkaufen, kalkulieren mit von 50 % bis 100 %. Um auf Ihren Nettoverkaufspreis – also den Einkaufspreis des Einzelhändlers zu kommen, dividieren Sie den gerade ermittelten Nettoverkaufspreis durch 1,5 bis 2. In unserem Beispiel erhalten Sie dann 6 € bis 4,50 € als Verkaufspreis des Imkers.

Rabatte: So wehren Sie den Angriff auf Ihre Preise ab

Sie haben Ihre Preise sauber kalkuliert und mit den Preisen anderer Imker verglichen. Auch Ihre Arbeit wird dabei ausreichend honoriert. Doch nun sehen Sie sich Kunden gegenüber, die einen Rabatt einfordern, weil sie meinen, ein Karton Honig sei doch ziemlich viel und verdiene einen Preisnachlass.

Stellen Sie sich auf den Standpunkt, dass wenn nicht dieser Kunde die Ware zum regulären Preis kaufen will, es garantiert einen nächs-

Gut zu wissen

Gewinnen Sie Souveränität im Umgang mit Feilschern indem Sie sich die zerstörerische Wirkung von Rabatten auf Ihre Erträge bewusst machen. Rabatte erhöhen Ihre Kosten und senken gleichzeitig Ihre Erträge. Die dadurch aufgerissene Lücke müsste durch überproportionales Umsatzwachstum geschlossen werden, denn um 1 % Rabatt zu kompensieren, sind bei Lebensmitteln bis zu 5 % mehr Umsatz notwendig.

ten gibt, der zum regulären Preis zugreift. So fällt es Ihnen schwer, eine Grundlage für Preisnachlässe zu sehen.

Beispiel: Ihre Kosten für ein 500-g-Glas Honig betragen 2,50 €. Sie verkaufen das Glas laut Liste für 4 €. Ihr Gewinn beträgt 1,50 €. Wenn Sie dem Kunden einen Rabatt von 1 € geben, schrumpft Ihr Gewinn auf 0,50 €. Sie müssten also 300 % mehr Umsatz machen, um den gleichen Gewinn zu erzielen! Siehe Foto Tafel 4 oben links.

Tipp
Mit Rabatten werden Kunden zu Schnäppchenjägern erzogen. Darum sollten Sie darauf verzichten.

Nachteile von Rabatten

Rabatte schaden kurzfristig Ihrer Rendite und mittelfristig dem Preisempfinden Ihrer Honigkunden. Auch langfristig sind Rabatte kontraproduktiv. Wenn die Kunden immer wieder „jetzt billiger“ oder „jetzt im Sonderangebot“ lesen, sinkt in ihren Augen der Wert der Ware. Irgendwann erinnern sie sich kaum noch an den Normalpreis und sind nicht mehr bereit, diesen zu bezahlen. Der Kaufanreiz der Niedrigpreise ist damit ebenso weg wie Ihre Rendite. Rabattaktionen sind besonders bei lagerfähigen Produkten wie Honig, Kerzen und Propolis schädlich, weil sich Kunden bequem einen Vorrat bis zur nächsten Schnäppchenaktion anlegen können.

Nutzen Sie diese drei Alternativen

Rabatte werden hauptsächlich zur Verkaufsförderung eingesetzt. In machen Situationen kann es sinnvoll sein, den Umsatz zu erhöhen oder konstant zu halten, zum Beispiel in den traditionell umsatzschwachen Monaten Januar und Februar oder wenn Sie eine erhöhten Bedarf an Kapital haben, weil vielleicht die Rechnung für den Einfütterungszucker bezahlt werden muss.

Geben Sie Gutscheine aus

Mit einem Warengutschein gewähren Sie eine kostenlose Sachleistung. Knüpfen Sie die Gutschein-Einlösung an Bedingungen und Einlösfristen, die Ihr Ziel – mehr Umsatz in einem bestimmten Zeitraum – stützen. Koppeln Sie diese an Kaufsummen oder Mindestumsätze, um einen Anreiz zum Kauf größerer Mengen als sonst üblich zu setzen. Schreiben Sie die Einlösebedingungen deutlich lesbar und verständlich formuliert auf den Gutschein, damit es keine Missverständnisse gibt.

Ein weiterer Vorteil von Gutscheinen ist, dass sie nur von preissensiblen Kunden genutzt werden. Einen Gutschein aufzubewahren und einzulösen, bedeutet für den Kunden Aufwand. Den nehmen nur die besonders preisbewussten in Kauf, die anderen kaufen weiter zum Normalpreis.

Verteilen Sie die Gutscheinvordrucke großzügig

Wenn Ihr Ziel „möglichst viel Mehrumsatz" lautet, sollten Sie dafür sorgen, dass so viele (potenzielle) Kunden wie möglich Ihre Gutscheine bekommen. Dazu empfiehlt sich die Streuung über Massenmedien wie das regionale Anzeigenblatt oder per Hauswurfsendung. Aber natürlich können Sie Ihre Gutscheine auch selbst verteilen. Legen Sie sie zum Beispiel allen Schreiben an Ihre Kunden bei und verteilen Sie sie in Verkaufsgesprächen.

Nehmen Sie Gläser in Zahlung

Viele Imker nutzen zur Kundenbindung ein Pfand auf Honiggläser. Diesen Effekt können Sie kopieren, ohne ein Pfandsystem aufbauen zu müssen. Gewähren Sie Kunden, für jedes Honigglas, das sie Ihnen zurückbringen, einen kleinen Preisnachlass. Diese Aktion können Sie bewerben, denn viele Kunden haben im Keller etliche Honiggläser liegen und sehen in Ihrer Aktion die Chance, diese zu Geld zu machen. Die gespülten Gläser befüllen Sie selbst wieder oder verkaufen sie an andere Imker weiter.

Tipp
Durch die Rücknahme von Pfandgläsern können Sie ein ganz einfaches Rabattsystem aufbauen.

Bieten Sie Vorteilspacks an

Eine weitere Möglichkeit, ohne Rabatte mehr Umsatz zu erzielen, ist die Aufwertung Ihres Angebots durch eine Zugabe. Dies ist ein Artikel oder eine Leistung, die Sie Ihrem Kunden ohne Berechnung überlassen, wenn er bei Ihnen ein bestimmtes Angebot kauft. Die Ware verkaufen Sie ihm zum regulären Preis und für die Zugabe zahlen Sie nur den Einstandspreis. Schöne Zugaben wie Honigprobiergläser für Met, Malhefte oder Rezeptbücher erhalten Sie beim Werbemittelversand des D.I.B. oder Sie finden andere günstige Zugabe-Artikel in der Zeitschrift „Zentrada" (früher „Zentralmarkt") [www.zentrada.de].

Verkaufen Sie Ihre Produkte selbst

In den vorherigen Kapiteln haben Sie Ihre Kunden kennengelernt und Ihre Imkereiprodukte so ausgewählt und bepreist, dass Ihre Zielgruppe sie gerne kaufen wird. Damit haben Sie die entscheidende Grundlage für Ihren erfolgreichen Verkauf gelegt. Nun müssen potenzielle Kunden und Ihre Ware zusammenkommen. Das ist die Aufgabe des Vertriebs.

Gut zu wissen

Da Sie die teuerste Arbeitskraft in Ihrer Imkerei sind, sollten Sie sich die Frage stellen, ob Sie wirklich Ihre Zeit hinter einem Verkaufstisch verbringen wollen oder ob Sie nicht besser fahren, wenn Sie den Vertrieb Partnern überlassen.

Doch wer kommt für den Vertrieb Ihrer Produkte in Frage? Ist es besser, sie im allgemeinen Lebensmittelhandel, im spezialisierten Fachhandel oder durch Handelsvertreter verkaufen zu lassen?

In diesem und dem nächsten Kapitel erfahren Sie, wie Sie den oder die besten Vertriebswege für Ihre Produkte, Ihre Imkerei, Ihren Markt und für sich finden. Leider kommt es nicht selten vor, dass gute Imker wenig begnadete Verkäufer sind. Doch Imkereiprodukte verkaufen sich fast von selbst. Sie sind keine Finanzdienstleistungen, Staubsauger oder Versicherungspolicen, die ein besonderes verkäuferisches Geschick verlangen.

Falls Sie die Zeit dafür haben, sollten Sie also Ihre Produkte selbst verkaufen. Das gilt besonders für

- stark erklärungsbedürftige Produkte wie Propolis und Kosmetika.
- Produkte, von denen Sie nur sehr wenig am Lager haben wie seltene Sortenhonige oder Met aus einer Versuchsproduktion. Bei Produkten, die das Ergebnis einer Probe sind, bietet sich ein direkter Verkauf auch deshalb an, weil Sie testen können, wie das Produkt bei Ihren Kunden ankommt.
- empfindliche Produkte, die leicht zerbrechen, verderben oder sich verändern können. So bleibt Gelée Royal in aufgetautem Zustand nur rund vier Wochen und dann auch nur gut gekühlt haltbar. Flüssiger Rapshonig ist eine Delikatesse über Erdbeeren, bleibt aber nur wenige Tage in diesem Zustand. Solche und ähnliche Produkte können nur direkt vertrieben werden, weil sie einen sofortigen Verbrauch voraussetzen.

Auf welche Weise Sie Ihren Honig direkt verkaufen – ob an der Haustüre mit dem Schild „Honig aus eigener Imkerei“ (siehe Foto Tafel 4 oben rechts), im eigenen Hofladen, auf Märkten oder per Internet – hängt weniger von Ihrer Betriebsgröße als vielmehr von Ihren eigenen Wünschen ab.

Der Hofladen: Hier dreht sich alles um Ihre Produkte

Ein Hofladen ist vor allem für Berufsimkereien mit einer Honigjahresproduktion ab 15 Tonnen interessant, denn die Verkaufsstelle einer Imkerei muss ein breites Warenangebot und einen hohen Warenumschlag haben, um rentabel betrieben werden zu können, siehe Foto auf Tafel 4 unten links.

Gut zu wissen

Ein Hofladen ist interessant, weil die gesamte Wertschöpfung aus Ihrer Produktion in Ihrer Imkerei bleibt. Das heißt: Das Geld, das mit Ihren Imkereiprodukten verdient wird, müssen Sie mit niemandem teilen.

Das Ambiente zählt

Ein Hofladen muss so eingerichtet werden, dass er ein angenehmes Ambiente schafft, bei dem Kunden gerne zugreifen. Da ist es mit einigen alten Bienenkörben und rustikalen Möbeln nicht getan. Nur wer zusammen mit einem professionellen Ladenbauer eine Ausstattung entwirft und umsetzt, die dem ästhetischen Empfinden der Zielgruppe entspricht, wird sich nachher über mangelnden Zuspruch nicht beklagen können.

Tipp

Ein Geschäft muss so einladend wirken, dass die Verlockungen, die im Laden warten, größer sind als die Schwellenangst.

Ausstattung

Veranschlagen Sie für eine entsprechende Ausstattung mindestens 1.000 € Investitionskosten pro Quadratmeter. Tipps und Hinweise zur Finanzierung der Investition erhalten Sie von Ihrem Amt für Landwirtschaft, Ihrer Landwirtschaftskammer oder Ihrem Anbauverband. Hier finden Sie Berater, die sich mit dem Thema Direktvermarktung und Hofläden auskennen.

Kümmern Sie sich für die Ausstattung des Geschäfts selbst um einen Ladenbauer, Innenarchitekten oder einen Tischler. Idealerweise hat er Erfahrungen bei der Einrichtung von Lebensmittelspezialgeschäften, am besten von Naturkostläden. Ihre Ideen sind willkommen.

Tipp
Wichtige Impulse erhalten Sie bei der alle drei Jahre in Düsseldorf stattfindenden Messe Euroshop (www.euroshop.de), insbesondere im Bereich Euroconcept.

Sortiment und Preis
Der Kunde erwartet beim Besuch eines spezialisierten Imkerei-Hofladens eine entsprechende Sortimentstiefe und -breite (siehe Seite 32). Honig in (noch) haushaltsüblichen Großgebinden, etwa 2,5-kg-Eimern, gehören genauso dazu wie Honigwein, Kerzen und diverse honighaltige Süßigkeiten und Kosmetika.

Der Kunde erhofft sich in einem Imkerladen keine günstigeren Preise als bei anderen Anbietern aus der Naturkost- oder Biobranche. Er weiß, dass er im Hofladen einer Imkerei Produkte bekommt, die er im Lebensmittelhandel nicht findet. Dafür ist er bereit, mehr zu bezahlen. Berücksichtigen Sie dies bei Ihrer Preispolitik!

Kompetentes Personal
Einen Hofladen können Sie nicht ohne Mitarbeiter betreiben. Sie sind das Aushängeschild eines jeden Betriebs. Freundlichkeit, Pünktlichkeit und Fachkompetenz im Bereich Imkereiprodukte sind ein Muss. Prüfen Sie vor der Eröffnung eines Hofladens, ob Sie derartige Mitarbeiter auf Ihrem regionalen Arbeitsmarkt finden. Schulen Sie Ihre Verkaufsmitarbeiter, damit sie Kundenfragen zu Honig und Wachs kompetent beantworten können. Führen Sie beim zweiten Vorstellungsgespräch ein simuliertes Verkaufsgespräch als Rollenspiel.

Standort
Bevor Sie sich für die Eröffnung eines Hofladens entscheiden, empfiehlt es sich, die örtlichen Gegebenheiten sehr gründlich zu erkunden, denn ein guter Verkaufsstandort ist mehr als nur eine gute Verkehrsanbindung. Wichtig ist auch die Frage, welches Preisniveau für eine lokale Kundschaft attraktiv ist.

Indem Sie alle wichtigen Punkte vorab durchdenken und Antworten finden, bekommen Sie ein gutes Gespür dafür, wie gut Ihr Standort wirklich ist. Nutzen Sie dazu die folgende Checkliste. Suchen Sie sich die für Sie relevanten Fragen heraus und beantworten Sie diese. Denken Sie dabei auch an die zukünftige Entwicklung und Expansion. Könnten Sie in fünf Jahren die Fragen in gleicher Weise beantworten?

Tipp

Besorgen Sie sich die sogenannten Kaufkraftziffern, die für jede Gemeinde genau die Kaufkraft ausweist. Diese erhalten Sie bei der Gesellschaft für Konsumforschung (GfK) in Nürnberg (Tel.: 0911/395-0) und auch bei der Betriebsberatung des Einzelhandels (BBE) in Köln (Tel.: 0221/93655-202).

Checkliste: Wie gut ist ein Standort für einen Hofladen geeignet?	
Prüfpunkt	Ja
Mein Hofladen ist für die Kunden gut erreichbar.	❑
Mein Hofladen ist leicht zu finden, also nicht allein durch Ortskenntnis ausfindig zu machen.	❑
Ich kann meinen Hofladen ungehindert und leicht mit Ware beliefern (Honig ist schwer!).	❑
Kunden können vor dem Laden parken und ihre Autos gut beladen.	❑
Die monatlichen Mietkosten entsprechen dem Niveau für vergleichbare Ladengeschäfte.	❑
Ich kann die Räumlichkeiten so nutzen, wie sie sind, das heißt, es sind keine größeren Umbauten notwendig.	❑
Das Gebäude ist in einem guten Zustand.	❑
Die Wasser-, Elektro- und Gasleitungen sind in einem guten Zustand.	❑
Die Höhe der Räume ist ausreichend.	❑
Es gibt eine gute Be- und Entlüftung.	❑
Die Beleuchtung ist angenehm und ausreichend.	❑
Die Baulichkeiten entsprechen den Vorgaben der Hygieneaufsicht.	❑
Die nutzbare Fläche genügt auch langfristig meinen Anforderungen.	❑
Das Einzugsgebiet ist für meinen Hofladen ausreichend.	❑
Meine Imkerei ist in der Umgebung bereits bekannt.	❑
Mein Angebot passt zur Umgebung. (Gut sind andere Lebensmittelspezialisten, schlecht sind Spielhallen).	❑
Auswertung: Wenn Sie mehr als 5 Aussagen nicht zustimmen konnten, denken Sie über einen anderen Standort nach. Kontaktieren Sie einen auf Gewerbeimmobilien spezialisierten Makler. Prüfen Sie anhand des Exposés und dieser Checkliste, ob Ihr Hofladen woanders erfolgversprechender betrieben werden kann.	

Tipp: Verkaufen Sie mit anderen

Wenn ein Hofladen für Sie eine Nummer zu groß ist, könnte eine Erzeugergemeinschaft für Sie die richtige Lösung sein. Dabei vertreiben Sie zusammen mit anderen Landwirten gemeinsam die Produkte über einen Hofladen. Während diese ihr Obst oder Ihr Gemüse beisteuern, bereichern Sie das Warenangebot mit Ihren Imkereiprodukten. Klären Sie die Kostenübernahme intern zwischen den Beteiligten.

Alternativ können Sie einen Imkereifachhandel mit Honigverkauf betreiben. Dabei haben Sie es aber mit zwei völlig verschiedenen Zielgruppen zu tun, nämlich mit Imkern und mit Verbrauchern. Sie können Synergien beider Kundengruppen nutzen, indem Sie Imkerkunden mit Honig beliefern, die diesen Verbraucherkunden weiterverkaufen.

Gut zu wissen

Berücksichtigen Sie dabei die Kostenstruktur sowie die voraussichtlichen Erträge für die einzelnen Teilsortimente.

Webshop: Verschicken Sie Ihre Imkereiprodukte in alle Welt

Für kleine oder für Imkereien abseits der großen Städte bietet sich der Vertrieb von Imkereiprodukten via Internet an. Der Onlineverkauf von Waren hat in den letzten Jahren stark zugenommen. Am häufigsten vertreiben Unternehmen so Produkte bis zu einem Wert von 125 €.

Gut zu wissen

Der Distanzhandel mit Lebensmitteln ist ein schwieriges Geschäft. Es gibt zwar viele Honiganbieter im Internet, doch für größere Anbieter wie etwa Lebkuchen-Schmidt (www.lebkuchen-schmidt.com) ist Honig nur ein Randsortiment. Reine Honighändler wie Heimathonig (www. Heimathonig.de) sind noch in der Gründungsphase.

Während der Internethandel mit Bekleidung, Büchern, Hard- und Software oder Tonträgern wie CDs dem stationären Handel größere Marktanteile abgejagt hat, ist der Anteil des Onlinehandels mit Lebensmitteln am Gesamtmarkt mit 0,3 % verschwindend gering. Versuche von Tengelmann, Spar und dem Otto-Versand mit einem Online-Lebensmittelservice Geschäft zu generieren, wurden mangels Erfolg wieder eingestellt. Bei Versendern von Spezialprodukten wie Wein (www.hawesko.de), Tee, Kaffee (www.paul-schrader.de) mag das anders aussehen.

Daneben gibt es eine Zielgruppe für Produkte, die nach den Vorgaben von Kunden hergestellt werden, zum Beispiel bei Müsli (www.mymuesli.com) und Schokolade (www.chocri.de). Letztere werden allerdings nicht gekauft, um einen dringenden Bedarf zu stillen, sondern weil die Käufer ein individuelles Geschenk benötigen oder sie sich einmal etwas Außergewöhnliches gönnen möchten.

Nachteile

Wahrscheinlich liegt es an den folgenden Nachteilen, die der Onlinehandel mit Honig und anderen Imkereiprodukten für den Kunden hat.

- Imkereien sind in der Regel kleine und mittlere Unternehmen mit einem geringen Bekanntheitsgrad. Gerade bei Lebensmitteln, die bei Nichtgefallen nicht zurückgeschickt werden können gilt, dass es unbekannte Anbieter schwer haben.
- Weil sich so viele Imkereien mit ihren Shops im Internet tummeln, drohen einzelne Anbieter ohne begleitendes Marketing leicht unterzugehen. Sicher gibt es mehr als 100 Shops, die Raps-, Blüten- und Lindenhonig anbieten. Und nach den wirklich seltenen

Sorten, zum Beispiel Bärlauchhonig, sucht niemand, weil sie zu unbekannt sind.
- Essen ist Geschmackssache. Im stationären Handel kann gekostet werden. Im Distanzhandel sind Kunden auf die Beschreibung der Ware angewiesen. Allerdings zeigt der Online-Weinhandel, dass es funktionieren kann. Außerdem gibt es zur Beschreibung von Wein sogenannte Aromaräder, die es beim Honig nicht gibt.
- Jeder Kunde kann mit einigen Klicks einen Preisvergleich im Internet durchführen. So sind die Waren leicht vergleichbar. Dadurch haben es Imker schwer, hohe Preise im Internet durchzusetzen, wenn Sie sich im Angebot nicht oder nur unwesentlich von Branchenkollegen unterscheiden.

Vorteile
- Die Kunden sind unabhängig von Ladenöffnungszeiten, bekommen die Ware nach Hause, müssen dafür aber bis zur Lieferung warten.
- Die Kunden erhalten die bestellten (schweren) Honiggläser geliefert.
- Die Produktbeschreibungen im Internet sind detaillierter und kompetenter als die Äußerungen von Verkäufern.
- Das Sortiment ist tiefer und breiter als im klassischen Lebensmitteleinzelhandel.
- Die über das Internet verkauften Imkereiprodukte sind günstiger als vergleichbare Produkte in normalen Geschäften.

Tipp
Ein Internethandel ergänzt den stationären Handel ideal.

Stationär plus Online ergänzen sich
Brauchen erfolgreich stationär verkaufende Imker dann einen Shop, auch wenn damit nicht viel Geld zu verdienen ist? Klare Antwort: Ja, auf jeden Fall!

Kunden informieren sich im Internet, sie wollen wissen, welcher Imker welche Produkte führt, welche Leistungen er anbietet und welche besonderen Angebote er gerade hat. Hier gilt: Wer nicht im Internet ist, ist nicht im Geschäft, denn ein Shop stärkt Ihr stationäres Geschäft mit Imkereiprodukten.
- Er ist ein Schaufenster für Ihre Produkte. Kunden können sich über ihr Sortiment informieren und Sie gezielt aufsuchen.
- Er hilft Lebensmitteleinzelhändlern auf der Suche nach einem Lieferanten für Imkereiprodukte.

Auf dem Wochenmarkt noch besser verkaufen
Sie können Ihren Honig an der Haustüre verkaufen, das ist an sich schon aufwenig. Doch ab einer Betriebsgröße von zehn Völkern sind Sie auf zusätzliche Verkäufe angewiesen. Viele Imker bieten daher ihr Sortiment auf Märkten an.

Ein Wochenmarkt findet in der Regel ein- oder mehrmals wöchentlich an Markttagen auf einem öffentlichen und gut erreichbaren Platz statt. Hier werden vorwiegend frische Nahrungsmittel wie Obst und Gemüse, Käse, Fisch und Fleisch sowie internationale Spezialitäten gehandelt. Eine Sonderform ist der Bauernmarkt. Hier dürfen nur Erzeuger verkaufen. Textilien, Haushaltsartikel und Lederwaren sind tabu.

Tipp

Fragen Sie einige der Händler, die Sie auf dem Markt vorfinden, wie sie mit dem Geschäft dort zufrieden sind. So erhalten Sie wertvolle Anhaltspunkte für die Entscheidung, einen Standplatz zu mieten.

So ergattern Sie einen Stand auf einem Wochenmarkt

Wenn Sie die Zeit dazu haben, ist ein Wochenmarkt eine sehr gute Möglichkeit für Sie, Imkereiprodukte zu verkaufen. Wochenmärkte sichern Ihnen ein regelmäßiges Einkommen. Es kann zwar witterungs- und saisonbedingt schwanken, doch in der Regel gewinnen sie rasch dankbare Stammkunden, die sich freuen, wohnungsnah direkt vom Imker kaufen zu können.

Erfolgsentscheidend dabei ist eine hohe Kundenfrequenz und moderate Marktgebühren. Alle im Folgenden genannten Standkosten sind Nettopreise und verstehen sich zuzüglich der gesetzlichen Mehrwertsteuer.

Schritt 1: Zielgruppe erkennen

Beobachten Sie, welche Kunden auf dem Markt unterwegs sind. Falls Käufer darunter sind, die Ihrer Zielgruppe entsprechen, sollten Sie sich bei einem der Händler nach der Marktleitung erkundigen. Diese weist die Standplätze zu und achtet darauf, dass der Marktbetrieb in geregelten Bahnen verläuft.

Wer leitet einen Markt?

Obwohl die Organisation von Märkten seit Jahrhunderten zu den Kernkompetenzen von Städten gehört und das Stadtrecht untrennbar mit dem Recht verbunden war, Märkte zu organisieren, haben manche Städte die Organisation an private Anbieter ausgelagert. Erkundigen Sie sich bei der Marktleitung nach den Kontaktdaten der privaten Marktorganisatoren.

Schritt 2: Kontakt aufnehmen

Wochenmärkte werden in der Regel von der jeweiligen Kommune organisiert. Die Zuständigkeit für die Vergabe von Marktständen erfragen Sie beim Bürgeramt oder der Telefonzentrale Ihrer Gemeinde. Große Gemeinden haben oft ein eigenes Marktamt oder einen Großmarkt, der auch die Wochenmärkte organisiert. In kleineren Kommunen übernimmt das Ordnungsamt oder das Tiefbauamt diese Aufgaben.

Hier wird Ihnen eine Marktsatzung mit den fälligen Gebühren ausgehändigt. Rechnen Sie mit rund 10 € pro laufendem Meter Marktstand und pro Markttag. In der Regel wird eine Kaution von 100 € verlangt. Manche Gemeinden erheben zusätzlich eine Monats- und eine Jahresgebühr. Falls Sie keinen eigenen Marktstand haben, können Sie einen solchen für 12 bis 15 €/ Markttag mieten. Die Kontaktdaten des Verleihers erhalten Sie vom Amt oder von der Marktleitung.

Schritt 3: Vertrag abschließen
Unterzeichnen Sie einen Marktvertrag. Darin sind Ihre Pflichten und Rechte geregelt. Wichtige Bestandteile des Vertrags sind das Warensortiment, das Sie anbieten dürfen, die Länge des Standes, die Dauer des Marktes (beipielsweise von 9.00 bis 15.00 Uhr), die am Stand verfügbare technische Versorgung etwa mit Strom und eventuell Wasser, die Einfahrtermine für Ihr Fahrzeug, die Regelungen zur Reinigung der Standfläche und zur Abfallbeseitigung.

Tipp
Falls ein Markt Sie nicht überzeugt, gibt es möglicherweise einen Markthändler, der Ihre Produkte in sein Sortiment aufnimmt. Halten Sie die Augen auf!

Steigern Sie Ihren Verkauf durch Sondermärkte
Falls Sie für eine regelmäßige Wochemarktpräsenz nicht die Zeit haben, trotzdem aber von der einfachen Art des Verkaufens auf Märkten profitieren möchten, dann besuchen Sie Sondermärkte wie Jahr- und Weihnachtsmärkte.

Zu den Sondermärkten gehören Jahrmärkte und Krämermärkte, die nur sporadisch stattfinden. In der Regel ist der Publikumsandrang größer als bei einem Wochenmarkt, was sich in höheren Standgebühren von 15 € bis 20 € je Standmeter und Markttag niederschlägt.

Weihnachtsmärkte finden in der Adventszeit statt, siehe Foto auf Tafel 4 unten rechts. Durch die Inflation der Weihnachtsmärkte in den letzten Jahren – auch in Bau- und Möbelmärkten sowie sozialen Einrichtungen werden solche organisiert – hat deren Attraktivität für Händler kontinuierlich nachgelassen.

Weil es inzwischen so schwierig geworden ist, Weihnachtsmärkte mit Händlern von hochwertiger Ware zu organisieren, haben sich Kulturämter und Kirchengemeinden der Märkte angenommen. Mit

Tipp

Schauen Sie sich einen Weihnachtsmarkt unbedingt an, bevor Sie eine Zusage machen. Sonst droht das Unternehmen zu einem ökonomischen Desaster zu werden. Kommerzielle Veranstalter fordern im Durchschnitt 100 €/Tag. Auch kann das Wetter in dieser Jahreszeit sehr unbeständig sein und Sie stehen ohne Kundschaft unter Umständen tagelang im Schneeregen.

etwas Glück erhalten Sie einen Standplatz mit Zelt und Hütte gratis oder gegen eine sehr geringe Miete.

Verbrauchermessen zu den Themen Gesundheit und Wellness, Bio, Feinkost und Genussmitteln suchen Imker als Aussteller mit der Möglichkeit, zu verkaufen. Die Standgebühren bewegen sich ab 120 €/Tag aufwärts. Zusätzlich ist häufig ein Stand vom Messebauer zu mieten. Ihren Marktstand können Sie dort nicht nutzen. Trotzdem haben Verbrauchermessen einen Vorteil: Im Unterschied zu den anderen Verkaufsformen sind Sie nicht der Witterung ausgesetzt und das Publikum ist sehr gut, denn die Besucher haben Eintritt bezahlt und sind in Kauflaune.

Bieten Sie kleine Waren richtig an

Falls Sie viele kleinteilige Produkte verkaufen, etwa Baumbehang aus Wachs, steigern Sie Ihre Umsätze, wenn Sie Ihren Kunden für die Auswahl ein möglichst großes Körbchen in die Hand drücken. Der Kunde muss die zerbrechliche Ware nicht in den Händen balancieren, andererseits wirken wenige Teile in dem Körbchen verloren. Die Kunden sorgen instinktiv dafür, dass es so nicht bleibt und beginnen, immer mehr in das Körbchen zu häufen.

Tipp
Verkaufsgespräche zu führen, ist reine Übungssache. Beginnen Sie einfach damit. Sie werden automatisch immer besser.

Mit Leidenschaft verkaufen

Ein Campingtischchen aufstellen, es mit Honiggläsern beladen, einen Sonnenschirm darüber spannen und es sich dahinter im Klappstuhl bequem machen. Wer es sich so einrichtet, der wird nie erfahren, dass Verkaufen ein aktiver Vorgang ist, der Spaß macht. Er kennt das gute Gefühl nicht, selbstbestimmt die Früchte der eigenen Imkerarbeit ernten zu können.

Verkaufsgespräch

Betrachten Sie Verkaufen als Routine, wie das Schleudern des Honigs. Diese Routine ergibt sich aus der Struktur eines typischen Verkaufsgesprächs. Legen Sie sich einen Verkäuferspruch zurecht, mit dem Sie kurz Ihr Sortiment beschreiben können, wenn ein potenzieller Kunde reichlich ahnungslos vor Ihrem Stand steht. Seien Sie vor allem freundlich zu ihm!

Der Spruch könnte etwa so lauten: „Sie wollen sich umschauen? Hier stehen die milden Sorten, hier die würzigen und da die seltenen Sorten. Wir haben uns auf Honigraritäten spezialisiert. Außerdem gibt es hier noch etwas Honigwein und einige Süßigkeiten – alle mit echtem Bienenhonig!“

Kleine Umsatzsteigerungen – großer Motivationsschub

Für den Gesamtumsatz Ihrer Imkerei gibt es eine einfache Formel:
Zahl der Kunden x Umsatz pro Kunde und Kauf x Kaufanzahl pro Kunde und Jahr = Gesamtumsatz

Nehmen wir an, Sie haben 150 Kunden mit denen Sie pro Verkauf 50 Euro Umsatz erzielen. Jeder Kunden kauft zweimal pro Jahr. So kommen Sie auf einen Gesamtumsatz von 15.000 €.
Stellen Sie sich vor, Sie könnten jede Stellgröße der Formel um 10 % erhöhen. Dies ist durchaus realistisch. Statt 150 Kunden haben Sie 165 Kunden, mit denen Sie 2,2 Mal im Jahr pro Verkauf 55 € Umsatz erzielen. Ihr Gesamtumsatz beträgt dann knapp 20.000 €, nämlich 19.965 €.
Gerade haben Sie also eine Umsatzsteigerung von knapp 25 % realisiert. Machen Sie sich diese Zusammenhänge bewusst und Sie verkaufen automatisch mit mehr Elan.

Achten Sie darauf, dass der Spruch möglichst kurz ist. Quatschen Sie den Kunden nicht tot, siehe Foto auf Tafel 5 oben links. Variieren Sie den Spruch, je nach dem, welcher Kunde vor Ihnen steht. Frauen schätzen eine emotionale Ansprache, zum Beispiel „Haben Sie Ihre Lieblingssorte schon entdeckt? Nein? Hier stehen die milden …"

Gut zu wissen

Weil Sie Ihren Part im Kundengespräch wie ein Schauspieler beherrschen, können Sie Ihr Gegenüber genau beobachten. Achten Sie auf die Körpersprache. Versuchen Sie die Gedanken des anderen zu lesen und überlegen Sie sich, wie die Reaktion ausfallen könnte. Nach einiger Zeit im aktiven Verkauf, werden Sie immer gelassener. Keine Kundenreaktion kann Sie mehr überraschen.

Verwandeln Sie Nichtkäufer in Kunden

Ihre Aufgabe als verkaufender Imker ist es vor allem, Kunden die Augen für das Produkt zu öffnen. Sie heben seine Stimmung, wenn er nach dem Kauf das Gefühl hat, eine wichtige Entscheidung getroffen zu haben, indem er das Produkt bei Ihnen gekauft hat. Dabei durchläuft der Kaufprozess verschiedene Stufen. Beim Produkt Honig geht das so:

Stufe 1

Machen Sie den Kunden unzufrieden. Vielleicht hat ihn sein bisheriges Honig(un)wissen gar nicht gestört. Jetzt steht er bei Ihnen am Stand und staunt über die Vielfalt verschiedener Honigsorten. Ihre Aufgabe ist es, den Kunden mit seinem Ist-Zustand unzufrieden werden zu lassen. Etwa so: „Honig ist so vielfältig und jeder schmeckt anders. Welchen Honig kennen Sie schon?“ Die Unzufriedenheit des Kunden wird umso größer, je mehr Sie ihm klar machen, welche negativen Konsequenzen sein Unwissen hat. „Sehen Sie, im Sommer blühen hier überall Linden. Sie sind typisch für unsere Stadt. Die geben einen wunderbar würzigen Honig. Den müssen Sie als Berliner einfach kennen. Sie wissen ja auch wie Boulette, Pfannkuchen und Eisbein schmeckt.“

Stufe 2

Retten Sie den Kunden aus seiner Unzufriedenheit. Die negative Konsequenz – Berliner zu sein und keinen Lindenhonig zu kennen – kann so nicht bleiben. Er muss seine Situation verändern und Sie bieten ihm die Möglichkeit dazu! Stellen Sie ihm die Bezahlbarkeit in Aussicht. „Anderswo müssen Sie für Lindenhonig richtig tief in die Tasche greifen. Aber bei uns ist das ein Volkshonig, den sich jeder leisten kann.“ Deckt sich dies mit dem Wunsch des Kunden und ist es für ihn erschwinglich, denkt er jetzt darüber nach, auf welche Dinge er auf dem Markt verzichten möchte, um sein Geld in Honig umzusetzen.

Tipp
Finden Sie die richtige innere Einstellung zum Verkaufen. Machen Sie sich bewusst, dass Ihre Ware ein „Geschenk“ für Ihre Kunden ist.

Stufe 3

Finden Sie eine Lösung. Nehmen wir an, der Kunde hat den Lindenhonig gekostet und dabei festgestellt, dass er – der bisher nur die pappsüßen Billighonige kannte – den Lindenhonig als zu kräftig empfindet. Die Unzufriedenheit, nichts über Honig zu wissen, ist immer noch da. Nun ist es Ihre Aufgabe, eine Lösung für den Kunden zu finden. Fragen Sie: „Was hat Ihnen an dem Lindenhonig gefallen?“ Je

Umgehen Sie die Preisfalle

Stellen Sie niemals den Preis in den Mittelpunkt Ihres Verkaufsgesprächs. Er darf zunächst überhaupt keine Rolle spielen. Ungeschickte Verkäufer beginnen ihr Verkaufsgespräch mit diesem Satz: „Das ist unser teuerster Honig. Dieses Glas kostet 9 Euro.“ Die Replik des Kunden lautet folgerichtig: „Sehe ich so aus, als könnte ich mir das nicht leisten?“
Erwähnen Sie daher bei einem Verkaufsgespräch den Preis immer erst ganz am Schluss. Sprechen Sie zuvor über alles Mögliche, nur nicht über den Preis!

nachdem, was der Kunde antwortet, wählen Sie dann aus Ihrem Sortiment einen anderen Honig aus, der dem Kunden besser schmeckt.

Stufe 4
Schließen Sie den Kauf ab. Sie haben bis jetzt ganze Arbeit geleistet. Ihr Kunde ist fasziniert von Ihnen, Ihrer Geduld und Ihrem Angebot. Die Augen des Kunden glänzen. Nutzen Sie nun die Gelegenheit, den Kauf abzuschließen. Gehen Sie selbstverständlich vom Kauf aus. „Da haben Sie eine gute Wahl getroffen. Das macht dann 5 Euro."

Schlüsselmotive für die Kaufentscheidung

Haben Sie sich schon einmal gefragt, warum Kunden Imkereiprodukte kaufen? Wenn Sie das wissen, können Sie Kunden so beraten, dass diese das Imkereiprodukt unbedingt haben wollen. Schauen Sie sich jedes Ihrer Produkte an und vervollständigen Sie Sätze wie:

- Meine Kunden kaufen sich eine Vater-unser-Kerze, weil ...
- Meine Kunden mögen Buchweizenhonig, weil ...
- Kundinnen fragen nach Lindesa-Handsalbe, weil sie ...

Fragen Sie Ihre Kunden regelmäßig nach ihren Kaufmotiven. Hören Sie Ihren Kunden genau zu, und filtern Sie die bevorzugten Motive heraus. Streuen Sie im gesamten Verlauf des Kundengesprächs unterschiedliche Motive in Ihre Argumentation ein und achten Sie auf die Reaktion des Kunden. Falls Sie erkannt haben, dass ein bestimmter Typ Kunde auf ein Argument besonders anspricht, dann nutzen Sie es für all jene Kunden, die Sie ähnlich einschätzen.

An den Beispielsätzen in der folgenden Tabelle sehen Sie, dass Sie die Schlüsselmotive nicht todernst in Ihre Verkaufsgespräche einbauen müssen. Viel wichtiger ist, dass eine gute Stimmung zwischen Ihnen und Ihren Kunden entsteht. Denken Sie stets daran: Sie verkaufen die wunderbarsten Produkte, die die Natur uns schenkt: Köstlichen Honig und duftende Kerzen. Strahlen Sie diese Lebensfreude auch aus.

So begegnen Sie souverän den häufigsten Einwänden

Sie haben den Kunden ausführlich beraten. Er hat Ihre Kerzen betrachtet, einige Honige gekostet und dann kommen Einwände. So reagieren Sie richtig.

Entscheidungshilfe geben

- „Ich muss mir das noch einmal überlegen."
- „Ich muss noch meine Frau fragen."

Betrachten Sie dies nicht als Ausflucht des Käufers. Wahrscheinlich ist es eher so, dass er an dem Produkt immer noch grundsätzlich interessiert ist, Ihnen aber nicht mehr länger zuhören möchte. Womöglich

Tab. 9 Die wichtigsten Schlüsselmotive, mit denen Sie für fast jedes Produkt einen Käufer finden.

Schlüssel-motiv	So bauen Sie das Motiv in Ihre Argumentation ein
Geld verdienen	„Mit Honig aus meiner Imkerei erzielen Sie in Ihrem Teeladen eine sichere Marge von 70 bis 120 %."
Attraktiv sein	„Diese Salbe strafft Ihre Haut und lässt Sie sofort zehn Jahre jünger wirken."
Kosten reduzieren	„Die Reise in die Lüneburger Heide für Heidehonig können Sie sich ab sofort sparen. Ich habe welchen für Sie hier."
Zeit gewinnen	„Suchen Sie nicht lange nach Ihrer Lieblingssorte. In meiner Auswahl finden Sie garantiert ganz schnell einen Honig, der Ihnen schmeckt."
Risiken vermeiden	„Sie können alle Sorten kosten. Bei mir kaufen Sie nicht die Katze im Sack."
Sicherheit erlangen	„Meine Honige entsprechen alle den strengen Richtlinien des Deutschen Imkerbundes. Das erkennen Sie an dem grün-gelben-Etikett und der Kontrollnummer."
Gesundheit erhalten	„Viele Kunden berichten mir, dass mein Frühjahrshonig sie vor den Heuschnupfenattacken im nächsten Frühsommer schützt. Nehmen Sie täglich zwei Teelöffel davon."
Prestige gewinnen	„Goldrutenhonig klingt ja schon sehr edel. Was glauben Sie, wie Ihre Freunde beim nächsten Brunch staunen, wenn Sie den aufs Buffet stellen?"
Spaß haben	„Dieser flüssige Lindenhonig eignet sich gut für Spiele zu Zweit. Da haben Sie mehr davon als von Sprühsahne und er ist nicht so schmierig wie Schokolade."
Unsterblich sein	„Unsterblich macht Honig vielleicht nicht, aber Imker werden erwiesenermaßen sehr alt. Übrigens gaben die Ägypter ihren Pharaonen Honig mit auf den Weg in die Ewigkeit. Also etwas ist schon dran."
Harmonie steigern	„Dieser Blütenhonig ist der ideale Honig fürs gemeinsame Familienfrühstück am Sonntag."
Geliebt werden	„Dieses Honigsortiment ist ein beliebtes Geschenk. Damit grenzen Sie sich von den Weinflaschen- und Pralinenpräsenten ab. Sie zeigen, dass Ihnen an dem Beschenkten etwas liegt und das gibt er Ihnen zurück."
Entspannen können	„Ich trinke den Honigwein gerne abends heiß als bekömmliche Alternative zum Glühwein. Danach schlafe ich sehr gut."
Genuss erzielen	„Spüren Sie, wie dieser Rapshonig auf der Zunge zerschmilzt? Wie Nougat. Da beißen Sie auf keine harten Krümel. Da ist nur Genuss."
Stärke zeigen	„Das Rezept für meinen Bärenfang kommt aus Ostpreußen. Damit hat man nicht nur früher die Braunbären angelockt sondern die Jäger haben sich damit auch die nötige Stärke angetrunken, um ihn zu fangen. Das ist sozusagen die deutsche Variante des berühmten gallischen Zaubertranks."
Neugierde befriedigen	„Kommen Sie nur herein. Wir sind gerade beim Honigabfüllen. Da können Sie sehen, wie unser Honig verarbeitet wird."
Karriere machen	„Diesen Honig gibt es auch in 125-g-Gläsern für die Frühstückspause im Büro. Lassen Sie mal Ihren Chef davon kosten. Sie wissen ja, warum es „Honig um den Mund schmieren" heißt!
Unterstützung erhalten	„Sehr gerne helfe ich Ihnen dabei, den richtigen Honig für Ihren Vater zu finden. Dazu bin ich ja heute hier."

hat er innerlich bereits abgeschaltet. Wenn es Ihnen gelingt, seine Aufmerksamkeit wiederzugewinnen, ist der Einwand erfahrungsgemäß ganz schnell verflogen. Sie können zum Beispiel

- seinen Namen nennen (wenn Sie ihn kennen).
- rasch einen bisher noch nicht beleuchteten Vorzug des Produkts erwähnen, etwa „Der Docht dieser Kerze ist extra in Bienenwachs getaucht, damit sie 100 % sicher anbrennt".
- mit einer Gegenfrage reagieren, „Wie meinen Sie das?" oder „Was geht Ihnen durch den Kopf?"

In manchen Fällen wird der Kunde sehr allgemein bleiben, indem er vielleicht sagt: „Ich weiß nicht so recht" oder „Ich weiß nicht, was meine Frau dazu sagt".

Zeigen Sie Verständnis. „Geschmäcker sind ja verschieden. Eine solche Entscheidung muss gut überlegt sein" oder „Da haben Sie völlig Recht. Alle Fragen sollten geklärt sein, damit es zu keiner Verstimmung am Frühstückstisch kommt."

Dann stellen Sie dem Kunden die Fragen: „Welche Informationen benötigen Sie noch?" oder „Welche Fragen könnte Ihre Partnerin haben?"

Sofern ihr Kunde immer noch abblockt, bleibt Ihnen nichts anderes übrig, ihm einen möglichst kurzfristigen Termin nennen, je nachdem, wie lange der Markt noch geöffnet oder die den Kunden interessierende Ware vorrätig ist: „Wenn Ihre Frau sich entschieden hat, dann kommen Sie bitte bis 14:00 Uhr. Der Markt geht zwar bis 15:00 Uhr doch wir bauen bereits früher ab" oder „Sie sehen ja, dass sie nicht mehr viel von dem Buchweizenhonig hier habe. Wenn Sie noch etwas davon haben möchten, sollten Sie innerhalb der nächsten Stunde vorbeikommen."

Lösungen anbieten

Auch diese Einwände kennen Sie sicher von ihren Kunden:

- „Das ist mir jetzt zu schwer zum Tragen."
- „Ich habe heute leider kein Geld mehr."

Es kann gut sein, dass diese Einwände nicht nur Ausreden sind, sondern einen realen Hintergrund haben. Gehen Sie daher ganz ernsthaft darauf ein und bieten Sie dem Kunden eine Lösung an. Antworten Sie verständnisvoll und bringen Sie dann Ihren Vorschlag:

„Ja, Sie haben recht, Honiggläser sind schwer. Wenn Sie möchten, können Sie Ihre Ware hier zurücklassen und auf dem Nachhauseweg mitnehmen. Ich stelle sie hier hin. Dann können Sie sicher sein, dass die Ware für Sie reserviert ist. Aber kommen Sie bitte bis in einer Stunde vorbei."

Eine andere Möglichkeit ist es, dem Kunden, der ja wahrscheinlich ganz in der Nähe des Marktes wohnt, die Ware nach Marktschluss vorbeizubringen. Geht er darauf ein, haben Sie gute Chancen für einen sogenannten Querverkauf (Cross-Selling), das heißt, Sie können dem Kunden noch mehr verkaufen: „Was halten Sie davon, den Karton gleich voll zu machen. Dann brauchen Sie in den nächsten Monaten gar keinen Honig mehr vom Markt zu schleppen."

Wenn Kunden kein Geld dabei haben, dann weisen Sie ihn auf den nächsten Geldautomaten hin. Manchmal hilft das und der Kunde kommt wieder.

Erkennen Sie den Nutzen von Nichtkäufern!

Sicher kennen Sie die Kunden, von denen Sie genau wissen, dass sie nichts kaufen werden. Das sind zum Beispiel

- Imker, die sich als „Kunden" tarnen und Fragen nach Ihrer Betriebsweise oder nach Ihren Preisen stellen.
- Schnorrer, die sich durch ihr Honigsortiment futtern wollen.
- Diabetiker, die Ihnen erzählen, wie gerne sie einmal Honig gegessen haben.
- Aktivisten, die meinen, als Imker seien Sie ein idealer Mitstreiter bei jeder irgendwie esoterischen oder ökologischen Initiative.

Am schlimmsten aber sind die Nervensägen, die ihre Probleme und Verschwörungstheorien bei Ihnen abladen wollen, weil Sie an Ihren Stand angebunden sind und nicht wie alle anderen Menschen, die Flucht ergreifen können. Doch: Wenn diese Menschen nicht ungewaschen, verwirrt oder sonst wie abschreckend wirken, können sie Ihren Verkauf sogar fördern!

Wenn Menschen an Ihrem Stand stehen, heißt das für Außenstehende: Hier gibt es etwas Interessantes! Menschen zeigen sich besonders auf Märkten als Herdentiere. Wo etwas passiert, bleiben sie stehen. Sobald also der Nichtkäufer weitere Interessenten angezogen hat, lassen Sie ihn einfach stehen und widmen sich dem echten Interessenten. Der Grund: Sie brauchen nicht jeden Interessenten, sondern Kunden, denen Sie etwas verkaufen können.

Gut zu wissen

Es ist ein menschlicher Instinkt, sich aus Neugierde dorthin zu bewegen, wo schon andere Menschen sind. Man möchte ja nichts verpassen.

Halten Sie Kunden am Stand

Nehmen Sie sich beim Bedienen Ihrer Kunden Zeit. Legen Sie die Ware umständlich in die Tüte und zählen Sie erst das Wechselgeld aus der Kasse in Ihre Hand und dann das Wechselgeld in die Hand des Kunden. Je länger sich die Kunden an Ihrem Stand aufhalten, desto mehr signalisieren Sie Passanten, dass es bei Ihnen interessante Angebote gibt. Aber: Bummeln Sie nicht so lange, dass Interessierte enttäuscht weitergehen.

Verkaufsfehler und wie Sie diese vermeiden

Wir alle kennen Imker, die sich über den schleppenden Verkauf ihrer Produkte beklagen. Sie meinen dann, es läge am Produkt oder am Preis, wenn sie nicht die erhofften Ergebnisse erzielen. Völlig erstaunt sind sie dann angesichts von Kollegen, die darüber klagen, dass sie stets viel zu wenig Ware haben, um alle Kunden versorgen zu können. Meistens liegt es daran, dass einer der folgenden vier Fehler gemacht wird.

1. Fehler: Fachidiot schlägt Kunden tot

Es gibt Imkerkollegen, die beherrschen ihr Fach perfekt und demonstrieren das auch gerne. Sie freuen sich auf die Stelle im Verkaufsgespräch, an der der Kunde eine Frage stellt wie beispielsweise: „Und der Honig enthält auch keine Rückstände?". Nun hat die Stunde der Fachleute geschlagen. Sie sind nun in der Lage, mit Satzungetümen aus 25 Wörtern den Kunden völlig zu verwirren. Sie erläutern im Detail verschiedene Varroa-Behandlungsmethoden, sprechen von Ameisen-, Milch- und Oxalsäure. Sie glauben, dass der Kunde sie für kompetent hält, weil sie ein so großes Wissen haben. Tatsächlich fühlt sich der Kunde nicht besser informiert. Angesichts all der Säuren, die auf verschiedenen Wegen ins Volk gebracht werden, stellt er sich umso mehr die Frage nach den Rückständen, wird misstrauisch und bricht das Gespräch ab.

Tipp

Halten Sie sich bei Erklärungen an die KISS-Formel:

- Keep
- It
- Short and
- Simple.

So machen Sie es besser

Halten Sie sich an den Grundsatz: So wenig wie möglich, soviel wie nötig! Folgender Satz genügt: „Dieses Siegel garantiert Ihnen die Rückstandsfreiheit des Produkts." Oder: „Mein Honig wird regelmäßig auf Rückstände überprüft. Es wurde noch nie etwas gefunden."

2. Fehler: Schimpfen auf die Konkurrenz

Sicher sind Ihnen auch schon Imkerkollegen begegnet, die kein gutes Haar an der vermeintlichen Konkurrenz, vor allem aus der einschlägigen Lebensmittelgroßproduktion, lassen. Sie stoßen wilde Verdächtigungen aus, was in dem Honig alles drin sein könnte und unter welchen Bedingungen er gewonnen wird. Der Imker selbst macht natürlich alles ganz anders und viel besser. Wer so spricht, zeigt sich als weit weniger souverän, als er sich tatsächlich glaubt. Außerdem könnte der Kunde bisher gerade dieses Markenprodukt bevorzugt gekauft und gegessen haben. So bringen Imker, die über bestimmte Hersteller schimpfen, ihren Kunden dazu, den vermeintlichen Konkurrenten sogar in Schutz zu nehmen.

So machen Sie es besser

Stellen Sie besser Ihre Stärken heraus, indem Sie beispielsweise eine Frage stellen: „Wie wichtig ist es Ihnen, dass der Honig aus unserer

Region kommt?“ Oder: „Möchten Sie ein unverfälschtes Naturprodukt, das jedes Jahr etwas anders schmeckt?“ Sicher wird der Kunden Ihnen zustimmen.

Tipp
Bildlich sprechen Sie, wenn es Ihnen gelingt, dass im Kopf Ihrer Zuhörer ein Film abläuft.

3. Fehler: Zu viele Fakten – zu wenig Bilder
Bienen erbringen eine ganz erstaunliche Leistung, um Wachs und Nektar zu sammeln. Sie leben in einem wunderbar organisierten Organismus – dem Bien. Für viele Kunden ist dies eine Welt voller Geheimnisse und der Imker der Schlüssel dazu. Er kennt das gesamte Fachvokabular und die richtigen Zahlen. Manche Imker neigen dazu, diese auf Nachfrage wiederzugeben und stoßen so ihre Kunden vor den Kopf.

So machen Sie es besser
Nutzen Sie besser Emotionen und starke Bilder. Falls Ihnen dies schwer fällt, beginnen Sie den Satz mit der Formulierung: „Stellen Sie sich vor …“. Meistens fallen Ihnen dann auch schöne Bilder ein. Einige Beispiele:

- Schlecht: „Der Nektar, den eine Biene in ihrem Leben sammelt, reicht gerade mal für zwei Gramm Honig.“
- Besser: Eine Biene produziert in Ihrem Leben nur so viel Honig, wie auf eine Messerspitze passt.

- Schlecht: „Für ein Glas Honig müssen die Bienen eine Flugstrecke von 120.000 km zurücklegen“.
- Besser: „Für ein Glas Honig müsste eine Biene den Erdball dreimal umrunden.“

- Schlecht: „Im Winter bilden die Bienen eine Wintertraube.“
- Besser: „Im Winter kuscheln sich die Bienen ganz eng aneinander, um sich gegenseitig zu wärmen.“

4. Fehler: Wer nichts weiß, verkauft über den Preis
Eine Möglichkeit, mit der Sie immer verkaufen, ist über den Preis. Doch die Niedrigpreisstrategie bringt Ihnen als Direktvermarkter nur Nachteile. Sie engen Ihren Spielraum für begründete Preissenkungen ein, denn die Preisuntergrenze für Sie sind Ihre eigenen Kosten. Diese ist bei Billigangeboten schnell erreicht. Sie ruinieren damit Ihre Margen, Ihre Erträge geraten aus dem Gleichgewicht und Sie verlieren den Spaß am Verkaufen.

Schließlich ziehen Sie auch unerwünschte Kunden an: Schnäppchenjäger, die sich vor allem im Billigsortiment tummeln und die ganz schnell wieder weg sind, wenn Ihr Konkurrent ein vermeintlich günstigeres Angebot hat. Reduzieren Sie nicht Ihr eigenes Produkt auf die Botschaft: „Ich bin nur so wenig wert!“

So machen Sie es besser
Führen Sie Ihren Kunden vor Augen, was Ihre Produkte Wert sind. Berichten Sie vom Aufwand bei der Herstellung Ihrer Imkereiprodukte. Denken Sie zum Beispiel an Heidehonig, der gestippt oder gepresst werden muss, weite Wege erfordert und mit einem hohen Ausfallrisiko behaftet ist. Betreiben Sie ein selbstbewusstes Marketing für Ihre Preise. Preisnachlässe, Rabatte oder andere Zugeständnisse sollten Sie nur als allerletzte Möglichkeit einsetzen. Nutzen Sie diese nur ab einer bestimmten Bestellmenge und der realistischen Gefahr, dass sie sonst auf Ihrer Ware sitzen bleiben. Meistens gilt aber: Der nächste Kunde wartet schon!

Tipp: Denken Sie wie ein Verkäufer

Viele Imker tun sich mit einem angemessenen Preis für Ihre Imkereiprodukte schwer. Woran liegt das? Manche sind es selbst nicht gewöhnt, viel Geld für sich und für ihre Bienen zu investieren. Sie suchen stets das Billigste heraus und berichten dann stolz, wo sie gebrauchte Rähmchen aufgetrieben haben. Mit dieser Einstellung werden sie allerdings nie den Mehrwert eines hohen Preises erleben. Daher fällt es solchen Imkern schwer, einen guten Preis für ihre Ware zu begründen. Wenn Sie erfolgreich verkaufen wollen, müssen Sie auch lernen, wie ein Verkäufer zu denken!

Wie Sie Vertriebspartner finden

Den ersten selbst erzeugten Honig verkaufen die allermeisten Imker noch selbst. Doch spätestens wenn die Nachbarn und die Verwandten mit Imkereiprodukten versorgt sind, stellt sich die Frage: Habe ich wirklich die Zeit, die Lust und das Geschick für die Direktvermarktung oder könnte nicht jemand meinen Honig für mich verkaufen?

Hier bietet sich der Vertrieb über Handelspartner an. Solche rechtlich selbstständigen Absatzmittler sind Einzel- und Großhändler, Gastronomen aber auch Handelsvertreter. Mit der Entscheidung, sich beim Vertrieb Ihrer Imkereiprodukte helfen zu lassen, geben Sie ein

Gut zu wissen

Die Entscheidung, ob Sie Ihre Imkereiprodukte persönlich oder über Wiederverkäufer an die Verbraucher bringen möchten, ist eine wichtige Richtungsentscheidung. Sie sollten die Vor- und Nachteile gründlich gegeneinander abwägen.

Tab. 10 Vor- und Nachteile von Wiederverkäufern

Vorteile	Nachteile
Ihr Vertrieb wird vereinfacht, weil Sie nicht mehr einzelne Verpackungen sondern pro Wiederverkäufer eine **große Menge Ware** auf einmal absetzen können.	Wenn Sie wenige große Wiederverkäufer haben, kommen Sie in deren Abhängigkeit und es besteht die Gefahr, dass diese Ihnen die **Preise diktieren**.
Sie können **Verbraucher** mit Ware versorgen, die Sie sonst nie **erreichen** könnten, etwa weil sie weit von Ihrer Imkerei entfernt leben.	Sie haben **keine Kontrolle** mehr darüber, wie Ihre Ware vom Wiederverkäufer in seinem Geschäft präsentiert wird.
Sie gewinnen **zusätzliche Zeit** zum Beispiel für Ihre Familie, Ihren Brotberuf oder für die Erzeugung weiterer Imkereiprodukte.	Sie arbeiten mehr in Ihrer Imkerei und weiten die Produktion aus, ohne ein Gespür dafür zu entwickeln, wann der **Markt gesättigt** ist.
Sie **brauchen weniger Lagerfläche**, weil die Wiederverkäufer bestellte Ware bei sich lagern.	Sie bleiben auf einem Teil Ihrer Imkereiprodukte sitzen, weil sich die Wiederverkäufer nur die **Rosinen** aus Ihrem Sortiment **picken**.
Sie müssen nicht die **immer gleichen Fragen** von Verbrauchern beantworten, wenn Sie ein Mensch sind, der lieber für sich bleibt.	Der Kontakt zum Verbraucher geht verloren. Es besteht die Gefahr, dass Sie **am Markt vorbei produzieren**, weil Sie ohne Kontakt zum Verbraucher Veränderungen in Ihrer Zielgruppe nicht wahrnehmen.
Sie **sparen sich Vertriebskosten** beispielsweise für Marktgebühren.	Ihre **Gewinnspanne sinkt**, weil Sie sich die Wertschöpfung aus Ihrer Imkerei mit dem Wiederverkäufer teilen müssen.

1 Wer eine interessante Nische findet wie z. B. die Mittelalterszene, der hat seine Kunden ganz für sich allein. (Fotonachweis: Grolm) **2** Kauwachs: Für fast jedes Angebot findet sich auch ein Käufer, wenn es zur Zielgruppe passt. **3** Wem für seine Sortenhonige keine Käufer mehr findet, rundet sein Angebot mit Honigzubereitungen ab. Doch Vorsicht! Das sind keine Honige im Sinne der Honigverordnung. **4** Nicht jeder Verbraucher kennt alle Honigsorten. Daher lohnt es sich manchmal, größere Mengen zur Verkostung anzubieten.

1 Bei Kerzen müssen Sie genau den Geschmack Ihrer Zielgruppe treffen. Bei dieser Auswahl an Gießformen sollte das nicht schwer fallen. **2** Halten Sie auf Messen die Augen auf nach innovativen neuen Produkten, um Ihre Kunden mit Neuheiten zu überraschen. **3** Honig mit Qualitätsmängeln ist kein Aushängeschild für den Imker, doch auch dieser findet – selten zwar – seine Käufer. **4** Met, Honig, Süßigkeiten, Kosmetik und Kerzen: Dieser Imker ist breit aufgestellt und bietet von allem etwas.

1 Die Aufmachung des Honigs muss zuerst der Zielgruppe gefallen. Dann hat auch der Imker seine Freude daran. Dieser Imker zielt auf Menschen, die's natürlich und rustikal mögen. **2** Dieses Etikett wurde von einer Kinderbuchillustratorin für eine Zielgruppe von jungen Müttern gestaltet. Die Zielgruppe fühlt sich durch das Etikett angesprochen. **3** Welches dieser drei Muster kommt bei der Zielgruppe am besten an? Eine Marktforschung sagt es Ihnen. **4** Oma Idas Bienenkiste: Ganz kleine Honiggläser kommen in Kisten oder Schütten gut zur Geltung.

1 Bedenken Sie, dass durch den Honigverkauf mindestens Ihre Kosten gedeckt sein müssen! **2** Hinweisschilder am Zaun oder an der Fassade helfen schon seit Jahrzehnten Imkern beim Verkauf ihres Honigs. **3** Spätestens wenn der Hausflur zu klein für den Verkauf von Imkereiprodukten wird, sollten Sie sich Gedanken über einen Hofladen machen. **4** Viele Imker freuen sich auf Weihnachtsmärkte, denn zu keinem Zeitpunkt im Jahr verkaufen sie so gut wie im Advent.

1 Hören Sie genau zu, wenn Ihre Kunden sprechen und Sie erfahren, warum sie gerade Ihren Honig so sehr mögen. **2** Dieser Einzelhändler (Hiebers Frischecenter in Lörrach) hat seinem Honigangebot einen guten Platz eingeräumt. Der Honig steht zwar links vom Hauptgang, doch er ist am Anfang des rechten Regals platziert
3 Schluss mit dem Hotel-Einheitsfrühstück! Hier beginnen die Gäste ihren Tag mit regionalen Spezialitäten.
4 Die Honiggemeinschaften regionaler Imker bringen den Honig ihrer Mitglieder –ausschließlich Hobbyimker – unter einer Gemeinschaftsmarke in den Handel.

Tafel 6

1 Lassen Sie die Kunden kosten, wie lecker Ihr Honig ist! **2** Das Honigregal in diesem Lebensmittelgeschäft ist optimal platziert. Es steht am Ende eines Ganges. Der Kunde läuft direkt darauf zu. **3** Ware in Hülle und Fülle! Dieser Imker sucht Wiederverkäufer und signalisiert, dass er von allem genug vorrätig hat und auch größere Mengen liefern kann. **4** Die Warenpyramide erfreut sich bei Imkern immer noch ungebrochener Beliebtheit. Doch es gibt bessere Möglichkeiten, die Ware wirkungsvoll zur Geltung zu bringen.

1 Zur einfachen und originelle Präsentation von Imkereiprodukte genügen schon zwei Beuten, deren Deckel sich dann in eine Ladentheke verwandeln. **2** Auf Weihnachtsmärkten erzielen Sie mit einer roten Dekoration die größte Aufmerksamkeit. **3** Was soll im Winter in den Schaukasten? Im Erzgebirge hat sich hier jemand viel Mühe gemacht und die Arbeit des Imkers dargestellt. **4** Das Ramschfenster zeigt alles, was es im Laden zu kaufen gibt.

Tafel 8

1 Ein liebevoll gestaltetes Themenfenster macht Lust auf den Honiggenuss, der im Geschäft auf den Kunden wartet. **2** Das eigene Logo und ein zündender Werbespruch gehören auf alle Werbematerialien und auf die Fahrzeuge. **3** Ein Besuch beim Imker ist interessant. Rechnen Sie beim Tag der offenen Tür mit großem Andrang in Ihrer Imkerei. **4** Die besten Kunden erhalten die interessantesten Einladungen und werden so dauerhaft gebunden.

Stück Verantwortung ab. Grundsätzlich aber sollten Sie als Hersteller interessiert daran sein, wie Ihr Produkt letztlich vermarktet wird, denn im Zweifel verstehen Sie mehr davon als Ihre Vertriebspartner. In diesem Kapitel erfahren Sie, wie Sie Wiederverkäufer finden, für Ihre Produkte begeistern und bei deren Vertrieb unterstützen.

Kurz und knapp: Was kann ich bieten?

Nicht jedes Ihrer Imkereiprodukte eignet sich gleichermaßen für die indirekte Vermarktung. So ist Propolis ein schwieriges, erklärungsbedürftiges Produkt. Das Verkaufsgespräch ist heikel, die Einsatzmöglichkeiten sind vielfältig und bei der Anwendung ist einiges zu beachten. Nicht jeder Wiederverkäufer hat die Zeit und Muße, sich mit solchen Details zu beschäftigen. Honig verkauft sich viel leichter.

Um einen Vertriebspartner zum Beispiel am Telefon für Ihr Angebot zu interessieren, brauchen Sie maximal 30 Sekunden, in der Sie Ihre Imkerei und Ihr Angebot in Kürze vorstellen. Eine solche Präsentation wird auch „Elevator Pitch“ genannt. Der Begriff basiert auf der Idee, ein Angebot während der Dauer einer gemeinsamen Aufzugsfahrt so zu präsentieren, dass die Neugier eines möglichen Adressaten geweckt wird.

Überlegen Sie sich, was ein Wiederverkäufer von Ihnen erwarten könnte. Vielen ist eine schnelle Lieferung, konstante Liefersicherheit oder die Unterstützung im Verkauf etwa durch gedruckte Flyer wichtig. Bauen Sie die wichtigsten Stichpunkte in Ihre 30-Sekunden-Präsentation ein.

Bedenken Sie

Sie haben nicht viel Zeit, um für Ihr Angebot zu werben. Der Händler, den Sie gerade anrufen, hat im Moment den Laden voller Kunden. Bringen Sie Ihr Angebot und die damit verbundene Dienstleistung in wenigen Worten auf den Punkt!

Elevator Pitch, ein Beispiel

Eine mündliche Kurzvorstellung ist vergleichbar mit einer schriftlichen Visitenkarte. Sie können Sie bei vielen Gelegenheiten verwenden, wenn Sie sich bei Kollegen, im Imkerverband oder einer Besuchergruppe in Ihrer Imkerei vorstellen möchten. So etwa könnte Ihre Vorstellung lauten:

„Guten Tag, mein Name ist Sabine Süß. Ich bin Inhaberin der Imkerei Honig-Süß und möchte Ihnen mein Angebot vorstellen. Mein Betrieb

hat sich auf die Produktion der beliebtesten fünf regionalen Honigsorten spezialisiert. Ich richte mich nach den strengen Richtlinien des Deutschen Imkerbunds und liefere Premiumqualität. Ich führe verschiedene Verpackungsgrößen, von Singlegläsern bis zur Familienpackung. Klingt das interessant für Sie?"

Diese Branchen warten auf Ihre Produkte

Überlegen Sie sich, wen Sie konkret als Wiederverkäufer gewinnen möchten. Legen Sie den Zielmarkt und die entsprechende Zielgruppe fest. Adressen finden Sie in den gelben Seiten oder in den zahlreichen im Internet angeboten Branchendatenbanken. Falls die Adressen noch nicht vorsortiert sind, fassen Sie sie nach ähnlichen Kundenbedürfnissen zusammen.

Finden Sie dazu heraus, was für die jeweilige Zielgruppe beim Kauf von Imkereiprodukten am wichtigsten ist. So werden Sie in Teeläden eher mit besonders kleinen Gläschen und schnell löslichen Honigsorten erfolgreich sein. Passen Sie Ihren Elevator Pitch entsprechend an, und betonen Sie, dass Sie Ihren Honig „in handlichen 125-g-Gläsern anbieten, bei denen im Regal drei Stück gut übereinander gestapelt werden können."

Gut zu wissen
In Deutschland gibt es rund 29.000 kleinflächige Einzelhandelsgeschäfte mit weniger als 400m² Verkaufsfläche.

Die wichtigsten Wiederverkäufer für Imkereiprodukte

- **Lebensmitteleinzelhandel (LEH)** ist ein Sammelbegriff, der alle Handelsunternehmen umfasst, die ein überwiegend aus Lebensmitteln bestehendes Sortiment führen, das an Endverbraucher vertrieben wird, siehe Foto auf Tafel 5 oben rechts. Der LEH kennt ganz verschiedene Betriebsformen, die von Laien häufig unter dem Begriff „Supermarkt" zusammengefasst werden.
- Als **Supermarkt oder Kaufhalle** werden alle Selbstbedienungsgeschäfte mit mehr als 800 m² Verkaufsfläche im Lebensmittelbereich bezeichnet. Diese werden entweder von angestellten Filialleitern oder selbstständigen Lebensmittelkaufleuten geführt. Für Sie als in der Regel kleinerer Lebensmittelproduzent kommen nur die inhabergeführten Geschäfte in Frage, denn reine Filialbetriebe nutzen die Vorteile des Zentraleinkaufs zum Beispiel bei den vom D.I.B. lizenzierten Abfüllstellen.
- **Inhabergeführte Geschäfte** beziehen zwar ebenfalls den größten Teil Ihrer Ware über Einkaufskooperationen wie dem Revisionsverband West (REWE) oder der Einkaufsgenossenschaft der Kolonialwarenhändler (EDEKA), doch Sie nutzen ihren unternehmerischen Spielraum auch dazu, lokal erzeugte Ware in ihr Sortiment zu nehmen. Nur in solchen Supermärkten haben Sie als Einzelimker eine Chance. Oder Sie schließen sich einem Verbund wie Honigland an, einer von der Landwirtschaftskammer Nordrhein-Westfalen geförderte Erzeugergemeinschaft (siehe Seite 76).

- **LEH-Discounter** wie Aldi, Lidl, Netto, Penny oder Norma verfügen über ein sehr eingeschränktes Lebensmittelsortiment, das sie zu vergleichsweise billigen Preisen verkaufen. Discounter kaufen zentral ein. Daher sind Ihre Produkte für diese nicht interessant. Wenn überhaupt, kaufen Discounter für Sonderaktionen deutschen Honig bei Zusammenschlüssen von Imkern wie der Honigerzeugergemeinschaft Mecklenburg-Vorpommern.
- **Lebensmittelfachhandel** wie Naturkostgeschäfte, Teeläden oder Eine-Welt-Läden haben ein kleines, aber feines Sortiment, mit dem sie sich von den Angeboten der Supermärkte abgrenzen. In diesen Geschäften entscheiden die Inhaber allein, was in den Regalen steht. Sie beziehen einen großen Teil Ihrer Ware direkt von Herstellern oder spezialisierten Großhändlern und Importeuren. Hier ist Ihr Honig in der Regel willkommen und in der Vorweihnachtszeit sind es auch Ihre Bienenwachskerzen.
- Eine Ausnahme sind **Franchise-Geschäfte**. Diese äußerlich an Ketten erinnernden Läden werden von einem selbstständigen Franchisenehmer geführt. Er ist jedoch verpflichtet, das Sortiment des Franchisegebers zu vertreiben. Manche Franchise-Verträge wie bei den Systemen Tee-Gschwender oder Q-Regio lassen es zu, dass ein Teil der Ware vom Franchisenehmer direkt eingekauft wird. Allerdings nutzen manche Franchisenehmer diese Freiheit nicht aus. Hier müssen Sie einfach nachfragen und abwarten, ob ein Interesse an Ihren Imkereiprodukten besteht.
- Zu den **Einzelhandelsbetrieben des Handwerks** zählen Bäckereien und Metzgereien. Die handwerkliche Herstellung von Lebensmitteln und deren Vertrieb liegen in einer Hand. Imkereiprodukte spielen hier nur eine Nebenrolle. Der Bäcker möchte vor allem sein Brot verkaufen, der Metzger seine Wurst. Aber kleine Mengen an Honig werden auch hier abgesetzt.
- **Bäckereien und Konditoreien**, die großen Wert auf die Qualität ihrer Zutaten legen, nehmen mitunter große Mengen an Honig für die Herstellung von Honiglebkuchen oder Pralinen ab. Hier haben Sie eine gute Chance, Ihre Honigüberproduktion oder auch Honig mit Mängeln, der etwa durch eine Fehlfunktion der Schleuder schaumig geschlagen wurde, zu verkaufen.
- Für die **Wellness- und Gesundheitsbranche** ist der Verkauf von Imkereiprodukten nicht branchentypisch. Trotzdem berichten Imker immer wieder, dass sie dort regelmäßig und nicht nur kleine Mengen absetzen. Hier kommt es darauf an, inwieweit der Inhaber seine Kundschaft zum Verzehr oder Gebrauch von Propolis, Honig und Wachs (in Form von Wachswickeln) anregen kann.
- Die **Gastronomie** setzt regionalen Honig am Frühstücksbuffet und in der Küche ein. Sie ist ein sehr attraktiver Kunde, da sie

Gut zu wissen

In den warmen Verkaufsräumen von Bäckereien entmischt sich cremiger Honig schon nach wenigen Monaten. Zusammen mit den geringen Umsätzen, lohnt sich der Honigverkauf hier nur, wenn das Geschäft für Sie um die Ecke liegt.

für gute Qualität auch gewohnt ist, gute Preise zu bezahlen. Für das Buffet muss Ihr Honig sehr professionell und attraktiv aufgemacht sein, siehe Foto auf Tafel 5 unten links. Gastronomen wünschen sich häufig Displays mit Informationsmaterial oder Honigständer, um den Honig am Buffet präsentieren zu können. Menschlich sind Gastronomen sehr angenehm und meistens sehr gut aufgelegt. Die sprichwörtliche Gastlichkeit bekommen auch Sie als Lieferant zu spüren. Falls Sie mit Hotels ins Geschäft kommen möchten, wenden Sie sich am besten an den „Manager Food and Beverage", kurz „F&B-Manager". In Restaurants entscheidet der „Küchenchef" oder der „Souschef", ob Sie als Lieferant in Frage kommen.
- Unter die **sonstigen Wiederverkäufer** fallen Blumenläden, Gemüsegeschäfte oder auch Tourist-Informationen. Wie in den Einzelhandelsgeschäften des Handwerks werden hier nur kleine Mengen an Imkereiprodukten umgesetzt. Sie gehören nicht zum Kernsortiment und dienen hier eher dazu, leere Regale zu füllen, als Umsatz zu machen.

So knüpfen Sie erfolgreich Kontakt

Es gibt nur selten Menschen, die morgens früh voller Begeisterung aus dem Bett springen und darauf brennen, gleich wildfremde Leute anzurufen, um ihnen etwas zu verkaufen.

Diese sogenannte Kaltakquisition (auch Kaltakquise genannt) liegt nicht jedem und doch ist sie wichtig, wenn Sie neue Kunden gewinnen möchten. Natürlich können Sie mit einer Adressliste unter dem Arm die Lebensmittel-, Fein- und Naturkostläden abklappern. Doch das ist noch viel mühsamer, als zum Telefonhörer zu greifen. Ein kurzer Anruf erspart Ihnen lange Wege.

Gut zu wissen
Motivieren Sie sich zur Kaltakquisition, indem Sie sich ein besonders gelungenes Telefonat ins Gedächtnis zurückrufen.

Telefonakquise

Dazu gibt es keine Alternative. Sie brauchen aber Durchhaltevermögen, denn sehr oft werden Sie zu hören bekommen, dass der „Chef gerade im Lager ist, im Kundengespräch, einer anderen Filiale oder oder oder …". Stellen Sie sich darauf ein, dass Sie vielleicht fünf bis zehn Mal zum Hörer greifen müssen, um den für den Einkauf verantwortlichen Ansprechpartner an der Strippe zu haben. Ihre Erfolgschancen steigen, wenn Sie folgende Regeln beachten.

Schritt 1: Anruf planen

Nutzen Sie einen Gesprächsleitfaden und planen Sie Ihren Anruf nach folgendem Muster:
- Was weiß ich über meinen Gesprächspartner?
- Warum will ich gerade ihn gewinnen?
- Welchen konkreten Nutzen kann ich ihm bieten?

- Wie steige ich in das Gespräch ein?
- Was will mein Gesprächspartner voraussichtlich von mir wissen?
- Welche Antworten kann ich ihm geben?
- Wie verabschiede ich mich?

Notieren Sie sich zu diesen Fragen mögliche Antworten. Aber schreiben Sie nur Stichpunkte und keine vorformulierten Sätze auf, denn Ihr Anrufer merkt sofort, wenn Sie ablesen. Dann wird er abblocken. Nach einem Dutzend Anrufen merken Sie außerdem, dass Sie inzwischen genügend Routine haben und den Leitfaden nicht mehr zu brauchen.

Schritt 2: In Stimmung bringen
Erliegen Sie nicht dem Trugschluss: „Es merkt keiner, wie ich drauf bin, man sieht mich ja nicht.“ Gerade am Telefon können geübte Zuhörer – wie es die meisten Ihrer Gesprächspartner sind – sehr schnell feststellen, ob der Anrufer motiviert ist, er gute oder schlechte Laune hat und es mit seinem Anliegen ehrlich meint. Wenn Sie schlechter Laune sind, warten Sie besser mit dem Anruf.

So hellt sich Ihre Stimmung auf

Wenn Sie mal nicht in bester Stimmung für ein Akquise-Telefonat sind, suchen Sie sich einfach ein ungestörtes Plätzchen, und lächeln Sie etwa eine Minute vor sich hin. Vielleicht kommen Sie sich dabei etwas lächerlich vor. Tun Sie es trotzdem! Lächeln ohne Grund wirkt positiv auf unsere Psyche. Physiologen haben festgestellt, dass durch die Reizung bestimmter Muskeln, Signale ans Gehirn gesendet werden. Es schüttet dann die dazu passenden Glücks-Botenstoffe aus. So stellt sich meist automatisch gute Laune ein. Sie werden sehen: Ihr Telefonat verläuft entspannter und erfolgreicher.

Schritt 3: Sich vorstellen
Nutzen Sie die entscheidenden ersten 30 Sekunden, denn alle Menschen, die geschäftlich angerufen werden, stellen sich sofort die wichtigste Frage: „Ist dieser Anruf Zeitverschwendung oder hat der Anrufer wirklich wertvolle Informationen für mich? Erfahrungsgemäß haben Sie nur 30 Sekunden für Ihren Einstieg. Diese Zeitspanne entscheidet über Erfolg oder Misserfolg des anschließenden Dialogs. Nutzen Sie diese 30 Sekunden, um den Kern Ihres Anliegens und den zu erwartenden Vorteil darzulegen (siehe Elevator Pitch Seite 65).

Schritt 4: Assistentin überwinden
Bei größeren Geschäften mit mehreren Filialen landet Ihr Anruf gewöhnlich bei der Sekretärin oder Assistentin des Einkäufers. Ihre Aufgabe ist es, möglichst viele Anrufer abzuwimmeln, die etwas von ihrem Chef wollen. Gehen Sie davon aus, dass regelmäßig auch Imker anrufen, die die Last der Direktvermarktung an Profis im Einzelhandel abgeben möchten. Je besser der Eindruck ist, den Sie auf die Sekretärin machen, desto mehr grenzen Sie sich von unerfahrenen Hobbyimkern ab, die einen Großteil der Anrufer stellen.

Hinterlassen Sie einen guten Eindruck

Sprechen Sie freundlich, aber bestimmt. Notieren Sie sich sofort den Namen der Dame und erwähnen Sie ihn zwei bis drei Mal. Stellen Sie sich selbst und Ihre Imkerei deutlich mit Namen vor. Formulieren Sie klar, was Sie möchten. Fragen Sie, wer für den Einkauf der richtige Ansprechpartner ist, und lassen Sie sich seine vollständigen Daten geben. Falls er nicht da ist, fragen Sie, wann Sie ihn am besten erreichen können.

Tipp
Legen Sie nicht alle Karten sofort auf den Tisch, sondern stellen Sie Ihr konkretes Angebot erst im persönlichen Gespräch vor: „Am besten wäre es, wenn Sie die Gläser einmal selbst in die Hand nehmen."

Schritt 5: Entscheider sprechen
Rufen Sie genau zum vereinbarten Zeitpunkt an und lassen Sie sich zu Ihrem Gesprächspartner durchstellen. Begrüßen Sie ihn mit Namen und nutzen Sie Ihren Elevator Pitch. Damit machen Sie klar, welchen Nutzen Sie bieten. Konzentrieren Sie sich ausschließlich darauf, einen Termin für ein persönliches Gespräch zu bekommen. Deuten Sie jedoch Details Ihres Angebots nur an, zum Beispiel „Wir haben Honig in verschiedenen Verpackungsgrößen. Sicher ist eine Glasgröße dabei, die am besten Ihren Vorstellungen entspricht."

Schritt 6: Termin vereinbaren
In vielen Fällen wird Ihnen Ihr Gesprächspartner einen Besuchstermin verwehren. Er wird sagen, dass er bereits einen Honiglieferanten hat, mit dem er sehr zufrieden ist. Akzeptieren Sie diese Entscheidung – aber nur für den Moment! Denn vielleicht sieht das in einigen Monaten schon anders aus.

Verabschieden Sie sich höflich und beenden Sie von selbst das Telefonat. Legen Sie sich einen erneuten Anruf dieses potenziellen Kunden auf Wiedervorlage im nächsten Herbst, wenn Sie neuen Honig haben, oder ins Frühjahr, wenn der bisherige Lieferant des Wiederverkäufers möglicherweise nicht mehr alle Sorten liefern kann.

So wimmelt Sie niemand ab

Versucht Sie der Einkäufer abzuwimmeln, gewinnen Sie mit dem sogenannten Antiverkauf doch noch sein Interesse. Sie können zum Beispiel sagen: „Selbst wenn ich Ihnen ein sehr interessantes Angebot machen würde – Sie hätten wahrscheinlich gar kein Interesse daran, nicht wahr?“ Die meisten Angerufenen fragen zumindest, was denn an dem Angebot so interessant sein soll und was „günstig“ heißt. Dann sind Sie im Gespräch mit ihm!

Schritt 7: Überzeugend wirken

Sie haben einen Gesprächstermin vereinbart. Nun kommt es darauf an, überzeugend zu sein. Erfahrungsgemäß gelingt uns dies nur zu 12 % durch das, was wir sagen, aber zu 88 % durch die Art, wie wir es sagen! Das bedeutet: Auch das beste Angebot kann untergehen, wenn es nicht mit Überzeugungskraft vorgetragen wird.

Am überzeugendsten wirken Sie auf den Wiederverkäufer, wenn Sie von sich und Ihrer Ware begeistert sind. Denn Ihr Gesprächspartner ist ein Profi. Er sieht seinem Gegenüber an der Nasenspitze an, was dieses selbst von seinen Imkereiprodukten hält. Prüfen Sie sich deshalb im Vorfeld auf Herz und Nieren:

- Bin ich Experte für die Imkereiprodukte, die ich verkaufen möchte?
- Kenne ich alle Details meines Angebots, von der verwendeten Technik bei der Erzeugung bis zu den Preisen verschiedener Verpackungsgrößen?
- Welche wertvollen Informationen, etwa über die Standorte der Bienenvölker kann und will ich dem Kunden anbieten?
- Kenne ich die Produkte von Konkurrenten, die er vielleicht ansprechen wird?
- Erkenne ich die Probleme meines Gesprächspartners und wie kann ich Sie ihm bewusst machen?
- Welche Lösungen oder Lösungsansätze kann ich ihm für diese Probleme anbieten?

Hinweis

Notieren Sie sich vor Ihren ersten Kundengesprächen die Antworten auf diese Fragen. Nach zehn Kundengesprächen werden Sie feststellen, dass sich die Probleme ständig wiederholen. Jetzt sind Sie auch sicher genug, um souverän eine Antwort aus dem Ärmel zu schütteln.

So rufen Sie Wiederverkäufer rechtssicher an
Sicher haben Sie sich als Verbraucher und Privatperson gefreut, dass der Gesetzgeber den nervigen Telefonanrufen durch das „Gesetz zur Bekämpfung unerlaubter Telefonwerbung“ ein Ende gemacht hat. Doch was heißt das für Sie? Es besteht kein Grund, Kunden gar nicht mehr anzurufen!

Das „Gesetz gegen den unlauteren Wettbewerb“ (UWG) schützt alle Marktteilnehmer – also auch Geschäftsleute – vor unzumutbaren Belästigungen (§ 7 UWG): Danach sind Werbemaßnahmen untersagt, die ein Marktteilnehmer erkennbar nicht wünscht. Hat also jemand in irgendeiner Form deutlich gemacht, dass er keine Werbung von Ihnen erhalten möchte, wäre ein Telefonanruf zu Werbezwecken schon allein deshalb unzulässig.

Der Gesetzgeber unterscheidet zwischen Anrufen bei Verbrauchern und Anrufen in Unternehmen: Im Unterschied zu Verbrauchern sind Sie bei Geschäftsleuten weniger eingeschränkt. Rufen Sie in anderen Unternehmen aus werblichen Gründen an, brauchen Sie dafür keine ausdrückliche vorherige Einwilligung.

Nach der Rechtsprechung dürfen Sie das Einverständnis eines Unternehmers mit Ihrem Werbeanruf dann vermuten, wenn Sie ihm Produkte oder Leistungen anbieten, die er für sein Kerngeschäft benötigt. Hat der Kunde also bereits Honig im Regal stehen, dann dürfen Sie ihn anrufen, ebenso den Bäcker, der mit Honig backt oder den Hotelier, der Honig am Frühstücksbüffet anbietet. Dazu brauchen Sie vorher nicht einmal Erkundungen einzuholen, denn Sie können davon ausgehen, dass Unternehmer dieser Branchen Interesse an Honig haben.

Kunden, mit denen Sie schon einmal in einer Geschäftsbeziehung standen, dürfen Sie weitere Angebote telefonisch unterbreiten. Wenn Sie sich an diese Grundsätze halten, haben Sie keinen Ärger zu befürchten.

Gut zu wissen
Telefonate sind weder generell verboten noch generell unerwünscht. Allerdings ist es unerlässlich, dass Sie die rechtlichen Grundlagen des Telefonmarketings kennen.

Tipp
Unterlassen Sie die Kaltakquise im Zweifelsfall dann, wenn Sie für ein Angebot werben wollen, das der Angerufene nicht für sein Kerngeschäft benötigt. So haben Floristen und Fitnessstudios zwar mitunter Honig im Angebot, doch der Honigverkauf gehört nicht zu ihrem Kerngeschäft.

Präsentieren Sie Ihr Angebot professionell
Die erste Hürde zum Auftrag ist genommen. Ein Wiederverkäufer hat Interesse an Ihren Imkereiprodukten bekundet und möchte Sie und Ihr Angebot kennenlernen. Stellen Sie im Rahmen einer Präsentation beim Kunden vor, was Sie zu bieten haben.

Tipp

Betrachten Sie die Präsentation als eine große Chance. Der potenzielle Käufer setzt sich intensiv mit Ihnen als Anbieter und Ihren Produkten auseinander.

Mit einer gelungenen Präsentation machen Sie einen großen Schritt in Richtung einer dauerhaften Lieferbeziehung. Hingegen kann eine misslungene das vorzeitige Aus für Ihre Verkaufsbemühungen bedeuten.

Verschaffen Sie sich ein Bild über das Unternehmen, indem Sie im Vorfeld so viel wie möglich über den potenziellen Kunden in Erfahrung bringen. Besuchen Sie eines seiner Geschäfte und studieren Sie genau, welchen Honig er dort im Regal stehen hat. Überlegen Sie sich Argumente, warum er noch zusätzlich Ihren Honig braucht.

Lästern Sie nicht

Hüten Sie sich davor, schlecht über die Ware zu sprechen, die ein Wiederverkäufer jetzt im Sortiment hat. Sie sagen dem Händler damit, dass er bisher die falschen Lieferanten hat. Kunden mögen aber nicht für inkompetent gehalten werden.

Musterkoffer

Für die Präsentation beim Kunden benötigen Sie einen Musterkoffer, der alle Ihre Imkereiprodukte enthält. Interessiert sich der Kunde nur für Honig, nehmen Sie auch nur Honig mit. Beachten Sie bei der Fahrt zum Kunden, dass die Gläser undicht sein können und sich bei liegenden Honiggläsern der Deckel mit Honig füllt. Wenn Sie ein solches Glas aus dem Koffer holen und öffnen, beginnt die Kleckerei. Dies hinterlässt keinen guten Eindruck! Neben Proben Ihrer Ware empfiehlt es sich, auch Probierlöffel, einen Prospekt und eine aktuelle Preisliste einzupacken.

Tipp

Als Musterkoffer für Honig eignet sich ein Pilotenkoffer sehr gut. Er kann von oben und von der Seite geöffnet werden.

Überzeugen Sie durch Aktualität

Achten Sie darauf, dass Ihr Firmenprospekt aktuell ist. Sorgen Sie dafür, dass der Internetauftritt Ihrer Imkerei immer auf dem neuesten Stand ist. Häufig bereiten sich auch potenzielle Kunden auf den Besuch eines möglichen Lieferanten vor. Referenzen können verkaufsentscheidend sein. Hat die Presse, womöglich sogar die Fachpresse über Sie geschrieben? Dann bringen Sie die Beiträge mit. Nichts steigert die Glaubwürdigkeit über die Qualität Ihrer Imkereiprodukte mehr als Berichte in der Presse.

Die Präsentation selbst

Machen Sie sich klar, dass es bei der Präsentation nicht allein auf die Qualität Ihrer Imkereiprodukte ankommt. Entscheidend ist die Wirkung, die Sie als Imker beim Wiederverkäufer erzielen:

- Überzeugen Sie den Kunden oder überzeugen Sie ihn nicht?
- Erhalten Sie einen Lieferauftrag oder nicht?

Tipp
Ihr Kunde muss sich jederzeit orientieren können. Verwirren Sie ihn also nicht mit all Ihrem Wissen und Können.

Kunden tendieren dazu, nicht nur das Produkt zu bewerten, sondern auch Ihre Professionalität. Wirken Sie so, als könnten Sie das leisten, was Sie behaupten oder nicht? Eine Präsentation ist ein Vorstellungsgespräch. Sie treten mit Ihrer ganzen Person auf. Für Kunden sind Sie der Honigmann oder die Honigfrau! Nutzen Sie diese Chance und werben Sie mit Ihrer ganzen Persönlichkeit für Ihr Produkt.

Legen Sie sich für Ihre Präsentation ein kleines Drehbuch zurecht. Sagen Sie zuerst etwas über Ihre Imkerei und über sich bevor Sie Ihre Produkte beschreiben. Falls Sie mehr als sieben Honigsorten im Programm haben, empfiehlt es sich, das Angebot zu strukturieren, zum Beispiel in milde und in würzige Sorten.

Oft werden Sie es mit einer ganzen Gruppe von Mitarbeitern des potenziellen Kunden zu tun haben, wie dem Inhaber, seinem Einkäufer, einem Assistenten und jemand aus dem Controlling. Jede dieser Personen interessiert sich für einen anderen Aspekt Ihres Vortrags, aber alle wollen Ihren Honig probieren. Reden Sie daher nicht zu viel, sondern lassen Sie Ihre Produkte für sich sprechen.Im Abschluss betonen Sie Ihre Hauptargumente noch einmal. Scheuen Sie sich nicht vor Wiederholungen.

Leiten Sie dann zur Diskussion über: „Das ist mein Angebot. Jetzt haben Sie sicher viele Fragen.“ Machen Sie sich dabei aber bewusst, dass Sie es mit Nichtfachleuten zu tun haben, die nicht verstehen wenn Sie von Ihren „Beuten“ oder von der „Tracht“ sprechen. Halten Sie sich an die bekannte „Kiss“-Regel: „Keep it short and simple“, auf deutsch etwa: „Fasse dich kurz und einfach“.

Ist die Präsentation gut gelaufen, liegt bei Ihrer Rückkehr in die Imkerei bereits eine Bestellung vor. Hat der Kunde nach einer Woche noch nicht bestellt, lohnt sich eine Nachfrage, vor allem aber eine kritische Überprüfung Ihrer Präsentation in dem Sinne: „Was kann ich beim nächsten Mal besser machen?“

Vermarkten Sie Ihren Honig gemeinschaftlich

Ähnlich wie die weit verbreiteten Winzergenossenschaften haben sich auch Imker zu Selbsthilfeorganisationen zusammengeschlossen, um den von ihnen erzeugten Honig gemeinsam zu vermarkten. Dies geschieht entweder in der Rechtsform der Genossenschaft oder als wirtschaftlicher Verein. Mitglieder erhalten in der Regel einen ersten Abschlag nach der Anlieferung des Honigs ausgezahlt. Später im Jahr

Gut zu wissen

Wer sich einer Imkereigenossenschaft oder Erzeugergemeinschaft anschließt, liefert seinen gesamten Honig bis auf eine kleinere Menge zur Selbstversorgung an die Genossenschaft ab. Wenn Sie sich also für eine Mitgliedschaft entscheiden, brauchen Sie sich nie mehr mit Honigvermarktung herumschlagen.

werden sie außerdem am wirtschaftlichen Erfolg des Gemeinschaftsunternehmens beteiligt. Daneben kaufen diese Zusammenschlüsse auch Honig von Nichtmitgliedern zu Tagespreisen, allerdings zu deutlich schlechteren Konditionen.

Die Mitgliedsbeiträge werden von den Mitgliedern festgelegt. Bei der Honigerzeugergemeinschaft Süddeutschland w.V. kostet der Jahresbeitrag 18 € . Hinzu kommt eine einmalige Aufnahmegebühr von 60 €. Bei der Honigerzeugergemeinschaft Regenstauf beträgt der Aufnahmebeitrag 1.000 € und der Jahresbeitrag 20 €.

Imkereigenossenschaften und Honigerzeugergemeinschaften in Deutschland

Süddeutsche Imkereigenossenschaft e. G.
Mit Sitz in Reichenbach/Fils (gegr. 1968) ist sie mit ihren rund 3.000 Mitgliedern bundesweit tätig. Die Genossenschaft unterhält vier Niederlassungen, in Reichenbach an der Fils, Ascheberg in Westfalen, Wolfesing bei München, und Leidersdorf bei Amberg. Die Süddeutsche Imkereigenossenschaft ist die einzige in Deutschland tätige Imkergenossenschaft. Sie gehört mit zu den größten Handelsunternehmen der Branche. Zweck des Unternehmens ist die Vermarktung des Honigs ihrer Mitglieder (www.suedd-imker.de).

Honigerzeugergemeinschaft Süddeutschland w. V.
Mit Sitz in Eltmann (gegr. 1978) ist sie mit über 1.200 Imkern Deutschlands mitgliederstärkste Honigerzeugergemeinschaft (HEG). Sie vermarktet jährlich bis zu 500 Tonnen deutschen D.I.B.-Honig für ihre Mitglieder. Diese stammen überwiegend aus Franken und der Oberpfalz, sowie aus dem gesamten süddeutschen Raum. Einzelmitglieder führen ihre Imkereien in Nord- und Nordwestdeutschland (www.honigerzeugergemeinschaft.de).

Honigerzeugergemeinschaft Region Regensburg w.V.
Mit Sitz in Regenstauf (gegr. 1985) vermarktet sie rund 600 Tonnen Honig pro Jahr von rund 680 Imkern überwiegend aus Niederbayern. (www.honig-eg.de).

Honigerzeugergemeinschaft Mecklenburg-Vorpommern

Mit Sitz in Bantin (gegr. 1993) vermarktet sie Honig aus Mecklenburg-Vorpommern und Brandenburg. Die Mitglieder verpflichten sich, mindestens 10 kg Honig/Bienenvolk von bis zu 15 Völkern abzuliefern. Der Aufnahmebeitrag beträgt 150 €, der Jahresbeitrag 50 €. Die Qualität muss den Anforderungen des D.I.B. entsprechen.

Andere Vermarktungsinitiativen

Neben den Marktführern der gemeinsamen Honigvermarktung gibt es eine Reihe kleinerer Initiativen zur gemeinschaftlichen Honigvermarktung. Sie sind besonders für Kleinimker oder mittelgroße Imker interessant, die ihre Honigüberschüsse nicht selbst vermarkten können.

Komm mit ins Honigland: Die Honiggemeinschaften regionaler Imker

Die „Honiggemeinschaften Regionaler Imker" (HRI) sind seit 2005 von der Landwirtschaftskammer Nordrhein-Westfalen in Münster angeregte Zusammenschlüsse von Kleinimkern mit dem Ziel, gemeinsam neue Vermarktungsmöglichkeiten zu schaffen. Zur Förderung der Imkerei hat die Kammer den Verein Apis e.V. gegründet. Dieser unterhält einen wirtschaftlichen Geschäftsbetrieb, die Honigland GmbH. Dieses Unternehmen ist das organisatorische Dach der HRI. Dabei schließen sich mindestens drei, besser bis zu sieben Imker zu jeweils einer HRI zusammen.

Gut zu wissen
Es gibt HRI, die auf die Dachmarke „Honigland" verzichten. Sie nutzen das D.I.B.-Glas ohne den Honigland-Anhänger.

Die Imker bewirtschaften fünf bis 20 Völker, ernten also mehr Honig, als sie direkt absetzen können. Die HRI gibt ihnen die Möglichkeit, ihre Ware in selbstständig geführten Supermärkten zu verkaufen. Sie beteiligen sich mit einer Einlage für das circa 50 cm breite Honigregal und Honigland-Werbematerial. Dieses wird von der Landwirtschaftskammer NRW zur Verfügung gestellt, siehe Foto auf Tafel 5 unten rechts.

Außerdem nehmen die Mitglieder der HRI an Verkostungs- und anderen Werbeaktionen für die Gemeinschaft teil. Nur qualitativ einwandfreier, bei Honigprämierungen ausgezeichneter, selbst erzeugter und im Einheitsglas des Deutschen Imkerbundes abgefüllter Honig darf unter der Dachmarke „Honigland" verkauft werden (www.honigland.de).

Honig von Hauptstädter für Hauptstädter: Berliner Honig

16 Berliner Imker beliefern die 2010 gegründete Berliner Bärengold GmbH mit Honig. Die Imker und Geschäftsführer Annette Müller und Jens-Michael Lehmann übernehmen im Anschluss die Vermarktung unter der Marke „Berliner Honig".

Zum Leitbild des Unternehmens gehören die Förderung der Bienenhaltung und die Stärkung des Imkerhandwerks. Daher erhalten die Imker mindestens den doppelten Preis für den eingelieferten Honig im Vergleich zu den Abfüllstellen. Das Unternehmen arbeitet den Honig auf, füllt ihn in eigene Gläser ab und vermarktet ihn anschließend sehr hochwertig. Er wird hauptsächlich über das Internet verkauft. Eine weiterer Absatzweg sind Wiederverkäufer wie beispielsweise Fein- und Naturkostgeschäfte. (www.berlinerhonig.de)

Deutschland einig Honigland: Heimathonig
Honig schmeckt in jeder Region anders. Die 2010 in München gegründete Heimathonig GmbH hilft dabei, regionale Honigspezialitäten wieder kennenzulernen. Beispiele sind Heidehonig aus der Region Lüneburg oder Tannenhonig aus dem Schwarzwald.

Das von der Honigenthusiastin Heike Helfenstein geführte Unternehmen hat das Ziel, regionale Imker zu vernetzen und ihnen die Möglichkeit zu geben, ihren Honig deutschlandweit besser zu verkaufen. Heimathonig ermöglicht es interessierten Honigkunden auf einer sehr professionell gestalteten Internetseite rund 120 lokale Imker jeder Betriebsgröße in ganz Deutschland ausfindig zu machen und dort vor Ort Imkereiprodukte zu erwerben.

Außerdem betreibt Heimathonig einen Internetshop, in dem die Honige der beteiligten Imker vorgestellt und verkauft werden. Dabei tritt Heimathonig als Verkaufsplattform auf, das heißt, die Ware wird von den beteiligten Imkern zu deren Verkaufspreis für Wiederverkäufer erworben und anschließend an den Verbraucher weiterverkauft. Der Jahresbeitrag für die beteiligten Imker beträgt 60 €. (www.heimathonig.de)

Verkauf ohne Bindungen – die Ankaufstellen

Wenn Sie nur selten eine größere Überproduktion auf einen Schlag verkaufen und das Geld einstreichen möchten, sollten Sie Kontakt zu einer Honigaufkaufstelle knüpfen. Diese wünschen Honig in D.I.B.-Qualität. Die Kosten für den Transport müssen Sie übernehmen. Anschließend wird der Honig im Labor überprüft. Der Preis, den Sie für Ihren Honig erhalten, hängt vom Ergebnis dieser Untersuchung ab. Die Adressen finden Sie in der Imkerfachpresse immer im Herbst.

Rücken Sie Ihre Waren ins beste Licht

Geht es Ihnen auch so? Sie haben sich fest vorgenommen, nur einige Lebensmittel im Geschäft zu besorgen. Doch als Sie es verlassen, ist der Einkaufswagen gut gefüllt, weil Ihnen eingefallen ist, dass Sie auch noch dies und jenes gebrauchen könnten. So wie Ihnen geht es sehr vielen Kunden. 56 % aller Kaufentscheidungen werden erst vor Ort, also direkt im Geschäft oder auf dem Markt getroffen.

Der Fachmann spricht vom „Point of Sale", kurz POS. Kunden, die Ihren Honig kaufen sollen, geht es genauso. Dafür muss Ihre Ware so verlockend auf dem Markt oder im Geschäft präsentiert sein, dass Kunden ihn ganz spontan kaufen. Dies ist die Aufgabe der Warenpräsentation am POS. In diesem Kapitel erfahren Sie alles, was Sie darüber als Imker wissen müssen.

Verführen Sie Ihre Kunden mit allen Sinnen

Rund 35 % aller Einkäufe sind geplant. Die verbleibenden 65 % erfolgen spontan. Bei der Hälfte dieser Spontankäufe weiß der Kunde, dass er ein bestimmtes Produkt, zum Beispiel irgendeinen Honig kaufen will. Er weiß aber noch nicht, bei welchem Imker er auf dem Markt einkauft oder welche Sorte er mitnehmen wird. Die andere Hälfte sind echte Spontankäufe, bei denen sich der Käufer nachher über sich selbst wundert, dass er den Artikel erworben hat, weil vielleicht zu Hause noch zwei unangebrochene Honiggläser im Schrank stehen. In solchen Fällen wurde er von einer guten Warenpräsentation zum Kaufen verführt. Erfolgsfaktoren dabei sind:

- Der Verkaufsstand oder das Geschäft muss „Atmosphäre" haben.
- Der Kunde muss freundlich behandelt werden. Lächeln!
- Der Kunde muss sich leicht zurechtfinden.
- Er muss das Gefühl haben, dass er ein „gutes" Geschäft gemacht hat und nicht übers Ohr gehauen wurde.

Die ersten drei Punkte werden durch das Auge aufgenommen, eine viel geringere Rolle spielen dabei Gehör und Geruchssinn. Hat der Stand Atmosphäre und der Verkäufer eine freundliche Ausstrahlung, können Sie auch unmittelbar neben einem Stand mit gerösteten Knoblauchbroten gute Geschäfte machen.

Die Produkte erlebbar machen

Generell gilt: Die Produkte, die Sie anbieten, sollten bereits am POS so funktionieren, wie Sie behaupten, siehe Foto auf Tafel 6 oben links. Die Kunden wissen: Creme, die auf dem Markt rasch einzieht,

Gut zu wissen

Präsentieren Sie Ihre Ware daher stets so, dass Ihre Kunden sie fühlen, schmecken und riechen können. Diese Sinneseindrücke sammeln sich im Gehirn und werden direkt in Kaufimpulse umgewandelt. Wird hingegen nur ein Sinn angesprochen, dann verringert sich die Kaufbereitschaft bereits um die Hälfte.

Honig der auf dem Markt wie warme Schokolade auf der Zunge zergeht und Kerzen, die auf dem Markt duften, werden dies auch in der eigenen Wohnung tun.

Stellen Sie an Ihrem Stand oder bei einer Aktion Ihres Wiederverkäufers eine oder mehrere Laternen mit den brennenden Kerzen auf. Sie kurbeln Ihr Geschäft kräftig an, wenn Sie für Interessenten kurz den Laternendeckel heben, um die Kunden den entströmenden Wohlgeruch riechen lassen. Außerdem zeigen Sie, dass Ihre Kerzen wirklich brennen. Dicke Bienenwachskerzen kosten ab 10 € aufwärts. Das ist für Kunden viel Geld, besonders falls das teure Stück nachher nicht richtig brennen sollte. Schließlich sorgt eine flackernde Kerze für Bewegung an Ihrem Stand.

Gut zu wissen

Fast 90 % aller neuen Lebensmittel verschwinden innerhalb von zwei Jahren nach der Markteinführung. Nicht weil sie die Leute nicht mögen, sondern weil sie nicht davon gekostet haben. „Was der Bauer nicht kennt, das isst er nicht".

Besonders wirkungsvoll sind Honigverkostungen, die meisten Kunden sind Neuem neugierig. Daher sollten Sie keine Mühen scheuen, potenziellen Kunden Honig zur Verkostung anzubieten. Falls Sie Ihren Honig direkt verkaufen, ist das kein Problem.

Bieten Sie auch Ihren Wiederverkäufern zur Verkaufsförderung Honigverkostungen an, am besten an verkaufsstarken Samstagvormittagen. Dies schafft Vertrauen gegenüber den Honigkunden, weil sie endlich die Gelegenheit haben, einen echten Imker kennenzulernen. Gleichzeitig fördern solche Aktionen den Absatz Ihrer Imkereiprodukte. Überlegen Sie sich also, wie Sie mit Ihren Produkten die verschiedenen menschlichen Sinne ansprechen können. Das macht Ihre Imkereiprodukte erst richtig reizvoll!

So platzieren Sie Ihre Imkereiprodukte optimal

Auf dem Marktstand oder im Geschäft kommt es nicht darauf an, dass die Imkereiprodukte irgendwie sichtbar und auf der Verkaufsfläche verteilt sind. Die Warenpräsentation folgt den Erwartungen, die Ihre Kunden an Ihr Angebot haben. Allgemein bekannt ist, dass die preiswerten Produkte unten stehen, während höherwertige Ware in der Mitte erwartet wird. Hier sind einige Grundregeln für Ihren Verkaufsstand oder für die Präsentation Ihrer Produkte im Geschäft.

- Artikel für oben sind Waren, die gefördert werden müssen, die preislich über dem Durchschnitt liegen, die hochwertig oder empfindlich/verderblich sind, etwa Gelée Royale, oder an denen Sie viel verdienen.
- Artikel für unten sind Waren, die billig oder qualitativ unterdurchschnittlich sind (Backhonig), die groß und schwer sind (Eimerware) oder die eine auffällige Verpackung haben wie in Geschenkkartons eingepackte Honiggläser.
- Umsatzstarke Produkte wie vielleicht ein in Ihrer Region besonders gefragter Honig, gehören in die Sichtzone.

Tipp

Beobachten Sie Ihre Kunden auf dem Marktstand. Wohin schauen diese als erstes, wenn Sie Ihren Stand betrachten? Stellen Sie dort die umsatzstärksten Produkte hin.

- Verkaufsschwache Produkte, die nur selten nachgefragt werden, etwa bestimmte Kerzen, stellen Sie in den unteren Bereich Ihres Standes. Dort vermuten Kunden oft Schnäppchen und dies bietet einen besonderen Anreiz, ein dort platziertes Produkt zu erwerben.
- Schmale Artikel, das sind solche, die weniger als 30 cm breit sind, beispielsweise Kosmetiktiegel, stellen Sie mehrmals nebeneinander. So wirken sie optisch breiter. Tuben stellen Sie entweder mehrmals hochkant aneinander oder Sie präsentieren diese mit der Breitseite zum Kunden. Die 30-cm-Grenze sollten Sie nach Möglichkeit nicht unterschreiten. Nach oben gibt es keine Grenze. Sie können also auch drei oder sechs Honiggläser nebeneinanderstellen.
- Gleiche Artikel, etwa Honige verschiedener Sorten, stellen Sie nebeneinander oder übereinander. Gleiche Ware wird stets in einem horizontalen oder vertikalen Block präsentiert. Also: Alle Honige gehören in einen Block, ebenso alle Kosmetikartikel und alle Kerzen. Ihre Kunden können sich so schnell über Ihr Angebot informieren und behalten den Überblick.

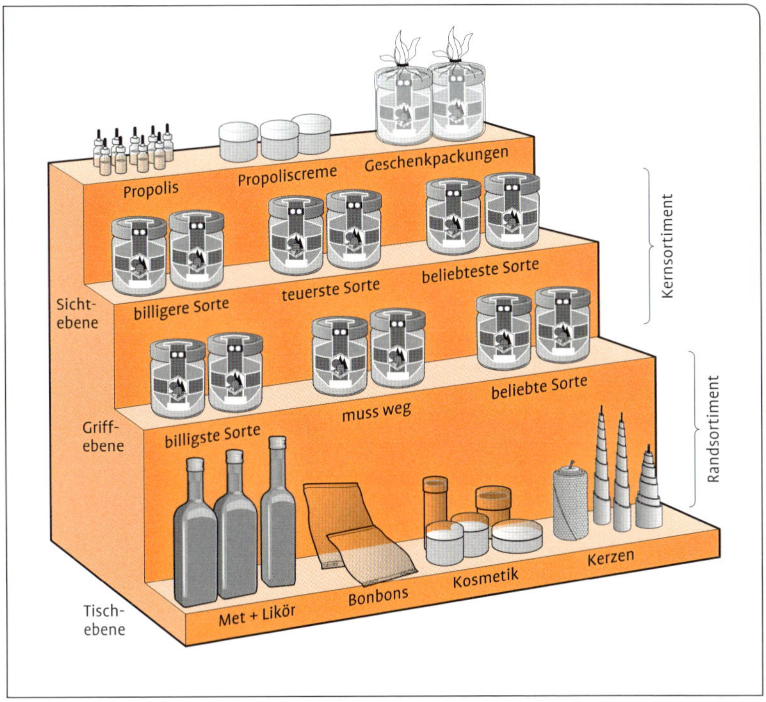

Idealer Aufbau eines Verkaufsdisplays

Prüfen Sie, wie engagiert ein Händler Ihren Honig verkauft

Bevor Sie einem Wiederverkäufer Honig verkaufen, lohnt es sich, sein Geschäft anzuschauen. Ein Blick reicht tatsächlich, um zu erfassen, welche Bedeutung Honig für ihn hat. So können Sie ganz schnell abschätzen, welche Mengen dieser Händler mit Ihrer Ware umsetzt. Es genügt nämlich nicht, in einem Geschäft zu sein, viel wichtiger ist die Frage, wo im Geschäft Ihr Produkt angeboten wird. Davon hängt es ab, ob gut abverkauft wird und Sie und Ihr Wiederverkäufer glücklich sind, siehe Foto auf Tafel 6 oben rechts.

Tipp: Lassen Sie vergleichen

Stellen Sie Ihr teuerstes Produkt auf den Platz, der von Ihren Kunden zuerst angeschaut wird. Der Kunde wird diesen Wert speichern und alle Preise darum herum mit damit vergleichen. Entdeckt er daneben einen mittelpreisigen Artikel, wird ihm dieser als sehr günstig vorkommen und die Wahrscheinlichkeit, dass er ihn kaufen möchte, steigt deutlich.

Die Platzierung am POS ist Ihre Schnittstelle zum Kunden. Denn im Geschäft muss sich Ihr Honig von selbst verkaufen. Wird er an einer schlechten Stelle präsentiert, kann er das nicht. Diese Tabelle zeigt Ihnen, wo Ihr Honig gut steht.

Verkaufen Hobbyimker Honig, dann bauen sie sehr häufig eine riesige Honigpyramide auf. Hier erwacht das Kind im Manne und

Tab 11 Ist Ihre Ware gut platziert?

Gut	Schlecht
Alle stark von Kunden frequentierten Ladenzonen, beispielsweise die Außengänge, Kreuzungen, Abzweigungen und Kassenzonen.	Die Mitte des Verkaufsraums, die sogenannte „tote Mitte". Die gleiche Ware verkauft sich in den Gängen in der Mitte eines Geschäfts vier Mal schlechter als am Regalanfang!
Kunden laufen vorzugsweise entgegen des Uhrzeigersinns durch den Laden. Gut sind alle Regale und Bereiche, die mit der rechten Hand erreicht werden können.	Schlecht sind Ladenecken, sofern der Kunde die Möglichkeit hat, den Weg durch das Geschäft abzukürzen.
In Kassennähe: Im Gang unmittelbar vor der Kasse bremsen Kunden ab. Sie gehen hier langsamer und nehmen die Ware bewusster wahr.	Einkaufszonen, die schnell durchschritten werden, zum Beispiel der Eingangsbereich. Hier sind die Kunden am schnellsten und unkonzentriertesten.
Platzierungen, die rechts von der Laufrichtung sind, weil Kunden lieber nach rechts schauen und mit der rechten Hand nach rechts schneller zugreifen.	Platzierungen, die links von der Laufrichtung sind. Sie werden schlechter wahrgenommen. Rechtshänder greifen ungern mit der rechten Hand quer über die eigene Brust.
Bei mehrgeschossigen Geschäften oder in Einkaufscentern auf der Geschossebene des Eingangs.	Alle Platzierungen, bei denen der Kunde das Stockwerk wechseln muss. Je weiter dieses von der Eingangsebene entfernt ist, desto seltener sucht er es auf.
Alle Verkaufsflächen, auf die der Kunde blickt, etwa Regale am Kopfende eines Gangs, auf die der Kunde zuläuft.	Sackgassen und Nebenräume, zum Beispiel Verkaufsräume im hinteren Bereich des Geschäfts.
Steht Honig in einem Regal, das links von der Hauptlaufrichtung abgeht, dann ist eine Position am Rand die beste. Betritt der Kunde den Seitengang, geht er nur bis zur gewünschten Ware, greift sie und dreht um. Daher sind die Randzonen attraktiver, weil er daran vorbeigehen muss. Sie werden als „Hot Spots" bezeichnet.	Die Regalmitte, wenn das Regal in einem Seitengang steht, denn der Kunde geht nur so weit in einen Gang hinein, bis er die gesuchte Ware gefunden hat. Am ungünstigsten ist die Mitte des vom Käufer aus gesehen, linken Regals.
Produkte, die thematisch zu Honig passen wie Marmelade, Nuss-Nugat-Creme und Erdnussbutter in einer sogenannten „Verbundpräsentation".	Isolierte Platzierung ohne Zusammenhang zur Umgebung. Besonders schlecht ist die Position hinter einer Säule, sodass der Kunde die Produkte in seiner Laufrichtung nicht sehen kann.

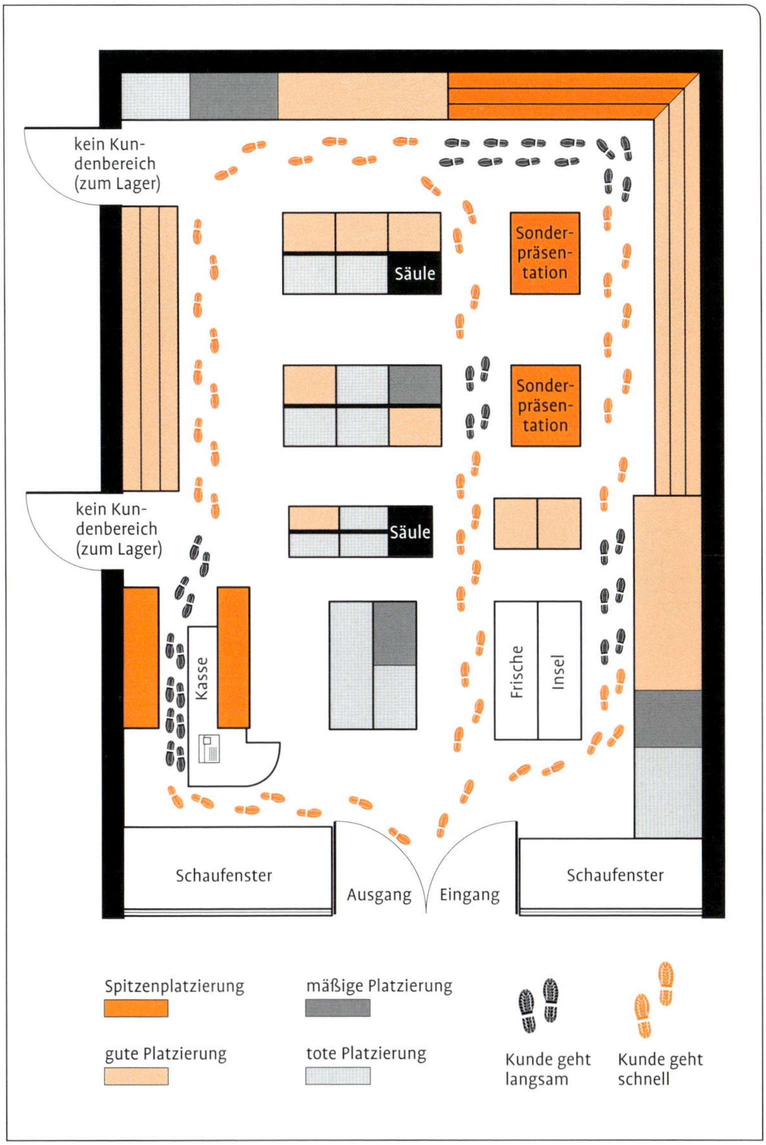

Idealer Aufbau eines Verkaufsdisplays

die Erinnerung an die Bauklötzchen der Kindheit. Mit professioneller Warenpräsentation hat dies nichts zu tun.

Solche Massepräsentationen waren in den Zeiten der fabrikmäßigen Massenproduktion beliebt. Sie signalisierten: Es ist genug Ware da und sie ist preiswert.

Gehen Sie mit dieser Form der Warenpräsentation sehr bewusst um. Mögliche Anlässe sind:

Gut zu wissen

Fabrik – Überproduktion – billig: Das sind Begriffe, mit denen die edlen Imkereiprodukte nicht in Zusammenhang gebracht werden sollten. Weil der Kunde ein Schnäppchen wittert, verkauft sich die Ware von den Türmen und Pyramiden zwar gut, doch immer haftet ihr der Geschmack billiger Massenware an.

Tipp
Wenn Sie sich für eine Honigpyramide entscheiden, dann bieten Sie so nur eine Sorte pro Pyramide an.

- Sonderverkäufe in nachfrageschwachen Monaten – Januar oder Februar, dann nur mit Frühlingshonig unter dem Motto „Das Warten hat ein Ende. Streichen Sie sich jetzt den Frühling aufs Brötchen".
- Messestände, mit denen Sie sich an Wiederverkäufer wenden, um zu dokumentieren: „Es ist genug da. Meine Imkerei kann Sie sicher beliefern." Siehe Foto auf Tafel 6 unten links.

Sonderangebote
Bei Ihnen als Imker wirken sich Sonderpreise besonders verheerend aus, weil Honig ein Produkt ist, das lange gelagert werden kann. Es kann Ihnen nichts Schlimmeres passieren, als dass Kunden sich einen Vorrat aus billigem Sonderangebotshonig anlegen und immer wieder auf die nächste Aktion warten. Sonderpreise zerstören Ihre Rendite, deshalb empfehlen sich generell keine Sonderaktionen mit reduzierten Preisen.

Fünf Methoden, Überproduktion ohne Preissenkungen zu verkaufen

Bienen produzieren ihre Erzeugnisse leider nicht immer gerade so, wie sie von den Kunden nachgefragt werden. So kann es in manchen Jahren zu einer wahren Schwemme an Blüten-, Raps- oder Waldhonig kommen.

Richtig ist, dass Kunden bei Imkereiprodukten nicht sehr preisempfindlich sind. Das gilt besonders für Kerzen und für Propolis, doch auch beim deutschen Qualitätshonig wirkt es sich kaum auf die Nachfrage aus, wenn der Preis um 10 bis 20 % steigt oder fällt.

Tipp

Statt Ihren guten Honig an Aufkäufer zu verschleudern, können Sie durch eine gezielte Gestaltung Ihrer Preisauszeichnung den Verkauf einzelner Produkte fördern. Das Beste daran ist, dass Sie noch nicht einmal den Preis für diese Produkte senken müssen.

Sonderangebote bringen wenig, außer eine schlechte Rendite. Um mit Preisen Ihren Absatz zu steuern, nutzen Sie besser die Macht der Psychologie. Mit den folgenden fünf Möglichkeiten gelingt es Ihnen, bei Ihren Kunden die Wahrnehmung des Preises so zu beeinflussen, dass sie bei den von Ihnen gewünschten Imkereiprodukten zugreifen.

Methode 1: Farbige Preisschilder

Um den Abverkauf einzelner Produkte zu fördern, bringt es nichts, den Preis zu reduzieren. Eine bessere Wirkung erzielen Sie, wenn Sie ein oder zwei Produkte mit einem roten Preisschild versehen. Üblich sind weiße oder gelbe. Es muss nicht größer sein als die anderen. Verwenden Sie den gleichen Preis, den Sie auch sonst fordern. Die Abverkäufe lassen sich so bis zu verdreifachen. Rot ist nicht nur eine sehr aufmerksamkeitsstarke Farbe, die dafür sorgt, dass Produkte genauer geprüft werden, Rot signalisiert auch einen aggressiven, das heißt, für den Kunden guten Preis.

Methode 2: Signalpreise

Einen ähnlichen Effekt erzielen Sie, indem Sie den Preis einzelner Produkte durch psychologisch wirksame Begriffe verstärken: Preisknüller, Superangebot, Vorzugspreis, Spezialpreis, Marktpreis, Unser Preis, Frühlingssonderpreis und Ähnliches. Sicher fällt Ihnen noch mehr dazu ein. Gerade preisbewussten Kunden ersparen Sie so den mühsamen Preisvergleich.

Methode 3: Teure Nachbarschaft

Stellen Sie das zu verkaufende Produkt als preiswertestes in ein Umfeld höherpreisiger Ware. In einer teuren Umgebung wirkt ein normalpreisiges Produkt wie ein Schnäppchen und ist daher für Kunden sehr attraktiv.

Methode 4: Durchgestrichene Preise

Vergleichbar wirken (vorgebliche) Preissenkungen. Dabei notieren Sie auf dem Preisschild einen erfundenen „früheren Preis", den Sie durchstreichen. Das zu verkaufende Produkt bieten Sie zum regulären Preis an.

Methode 5: Runde Preise

Kunden gehen auf den Markt, um besonders frische oder schwer erhältliche Waren zu kaufen. Sie entscheiden sich bewusst für den Wochenmarkt und nicht für ein Ladengeschäft. Diesen Unterschied müssen auch Ihre Preise ausdrücken. Verwenden Sie nur runde Preise, etwa 4,50 € oder 6 € und nicht die aus dem Supermarkt bekannten Schwellenpreise wie 4,99 € oder 5,95 €.

Tipp: Preisen Sie einfach aus

Zeichnen Sie Ihre Ware auf dem Markt nur mit handgeschriebenen Schildern aus Karton oder Sperrholz aus. Das unterstreicht den urtümlichen Charakter des Marktverkaufs. Laminierte Computerausdrucke mögen zwar praktisch sein, passen aber nicht zum rustikalen Marktambiente.

Hübschen Sie Ihre Ware mit Deko auf

Die Atmosphäre Ihres Standes oder des Geschäfts spielt für die Kaufentscheidung Ihrer Kunden eine wichtige Rolle, siehe Foto auf Tafel 6 unten rechts. Erfolgreiche Verkäufer planen die Atmosphäre bewusst mit dem Ziel, die Stimmung des Kunden zu heben. Er soll sich wohlfühlen, denn dann sitzt bekanntermaßen auch das Geld locker.

Gerade Imkereiprodukte bieten eine Fülle von Möglichkeiten, dem Kunden eine kleine Flucht aus der rauen Wirklichkeit in eine durch Natürlichkeit, Gesundheit, Ursprünglichkeit und Handwerk intakte Umwelt zu ermöglichen. Mit jedem Imkereiprodukt, das Sie verkaufen, geht ein Stück dieser Atmosphäre mit über den Ladentisch. Imker, die im Zeidlerkostüm auf Mittelaltermärkten stehen, treiben dies auf die Spitze. Sie verkaufen eigentlich keinen Honig, sie verkaufen einen Traum: Ursprünglichkeit aus einer mittelalterlichen Welt (siehe Foto 1, Tafel 1 oben links).

Zielen Sie auf den Kunden

Indem Sie den POS dekorieren, konzentrieren Sie sich nicht mehr nur auf die Eigenschaften Ihrer Produkte, sondern auf die der Kunden. Eine gelungene Dekoration weckt positive Gefühle. Um den Nerv Ihrer Kunden punktgenau zu treffen, müssen Sie selbst die Werte und den Geschmack Ihrer Zielgruppe kennen.

Oft hängt es nur von Kleinigkeiten ab, ob eine Dekoration erfolgreich ist oder nicht. Kritisch ist zum Beispiel ein Gartenzwerg mit Bienenkorb, wie er im Imkereifachhandel angeboten wird. Er kann bei Kleinbürgern und Kleingärtnern gut ankommen, wird aber bei Kunden aus dem linksliberalen Bionade-Milieu eine heftige Ablehnung hervorrufen. Diese finden dagegen einen ganz ähnlich aussehenden Troll mit Bienenkorb super niedlich, weil er an IKEA und Skandinavien erinnert.

Ähnlich verhält es sich mit den bei vielen Imkern beliebten, Dekorationsstücken aus dem Antiquitätenhandel. Rostige Weißblechschleudern und mit Kuhdung beschmierte Strohkörbe halten manche Kunden für ursprünglich, anderen rauben sie den Appetit auf Honig, weil die Dekorationsstücke nicht mehr zu den heutigen hygienischen Vorstellungen passen.

Gut zu wissen

Dekorationsgegenstände sollen Erinnerungen wecken und authentisch sein. Auch künstliche Blumen wie z. B. ein Zweig mit Kirschblüten aus Seide erfüllt diesen Zweck. Mit Dekorationsgegenständen stellen Sie Ihre Ware in einen thematischen Kontext.

Themenbezogene Dekoration

Damit wecken Sie bei Ihrer Zielgruppe Erinnerungen an positive Ereignisse, vielleicht an Weihnachten, einen Urlaub oder an die Freuden einer Jahreszeit wie die des Frühlings. Dekorationselemente sind dann beispielsweise eine Räucherfigur in Gestalt eines Imkers, Honiggläser aus aller Herren Länder oder blühende Blumen.

Themenunabhängige Dekoration

Diese hat kein konkretes Thema als Ziel, sondern die Erzeugung einer Stimmung. Diese Wirkung entsteht durch die selektive Verwendung von Farben in der Dekoration. Dekogegenstände werden eher zurückhaltend verwendet, zum Beispiel durch die Wahl eines Blickfangs.

Farben spielen bei beiden Formen der Dekoration eine herausragende Rolle, siehe Foto auf Tafel 7 oben rechts. In der folgenden Tabelle sehen Sie, wie verschiedene Farben wirken und wie Sie diese für Ihre Dekoration einsetzen können.

Gut zu wissen

Bei einer themenunabhängigen Dekoration lenkt nichts von Ihren Imkereiprodukten ab.

Tab 12 Die Verwendung von Farben in der Dekoration

Farbe	Wirkung	Verwendung mit Imkereiprodukten
Rot	stimulierend, aktiv, vital, energiegeladen	Für Honig als aktiver Energiespender. Denken Sie nicht nur an Sport, Honig gemischt mit dem Samen des (rot blühenden) Mohns gilt unter Muslimen als gut für das männliche Vermögen.
Rot/Grün/Gold	adventlich, weihnachtlich	Für Kerzen, Honig und Honigprodukte als zur Weihnachtszeit passende Spezialitäten, siehe Foto auf Tafel 7 oben rechts.
Gelb/Weiß	fröhlich, anregend	Für die österliche Dekoration, weil Weiß und Gelb nicht nur im Ei vorkommen sondern auch bei vielen Blumen der Saison, etwa Narzissen.
Weiß/Orange	frisch, tatendurstig	Für eine Frühstücksdekoration, denn Weiß und ein gebrochenes Gelb sind die „Frühstücksfarben" bei Porzellan und Tischwäsche sowie Orangensaft, goldgelben Brötchen, Marmelade, Ei.
Grün	entspannend, friedlich, harmonisch	Unverzichtbar für eine Dekoration zum Thema Natürlichkeit.

Verwandeln Sie durch Schauwerbung Passanten in Honigkäufer

„Ich schaue nur“, ist eine beliebte Kundenfloskel, um freundliche Verkäufer schnell wieder loszuwerden. Lassen Sie die Leute sehen, gucken oder schauen! Denn davon kommt der Appetit!

Mehr noch: Geben Sie Ihnen Futter für die Augen! Genau das ist der Zweck der auch Visual Merchandising genannten Schauwerbung. Imkereiprodukte sind wie gemacht für die Gestaltung eines Schaufensters: Honig ist verlockend, Honig ist süß, Bienen sind Frühlingsboten, siehe Foto auf Tafel 7 unten links. Das alles sind Eigenschaften, die eine Sogkraft für den Laden entwickelt.

Wenn Sie selbst kein Schaufenster haben, dann finden Sie solche bei vielen Tee-, Naturkost-, Bio- und Szeneläden. Schlagen Sie dem Inhaber vor, mit einem Fenster auf die Imkereiprodukte, die im Inneren auf Käufer warten, aufmerksam zu machen.

Und für Sie selbst kommt ein Minischaufenster – ein Schaukasten – in Frage. Im Folgenden ist von Schaufenstern die Rede, doch die Regeln gelten auch deren kleine Geschwister.

Gut zu wissen

Ebenfalls für Schaufenster gilt: Es gibt andere Möglichkeiten der Warenpräsentation als Gläsertürme. Durch Schauwerbung drücken Sie die „Persönlichkeit“ des Geschäfts und seines Angebots aus. An der Art, wie die Ware repräsentiert wird, kann der Kunde erkennen, ob er vor einem edlen Feinkostgeschäft oder einem „Billigen Jakob“ steht.

Schaufenstertypen

- Das **Ein-Artikel-Fenster** stellt ein einzelnes Produkt in das Zentrum der Präsentation. Es kommt zum Einsatz, wenn die ausgestellte Ware sehr selten, sehr wertvoll, sehr neu, sehr wichtig oder sehr hochwertig ist. Die Einzelstellung hebt den Artikel besonders hervor.
- Das **Animationsfenster** fordert den Kunden auf, aktiv zu werden: „Iss mehr Honig“, „Halte Dich gesund“, „Backe Honigplätzchen“. Die gezeigte Ware gibt vor, den Kunden bei der Umsetzung des Ziels zu helfen.
- Das **Farb-Ästhetik-Fenster** besticht durch seine angenehme Farbgebung. Es kommt häufig bei Auslagen zu bestimmten Themen vor. Zu Ostern passt weiß und gelb, zu Weihnachten rot, grün, silbern und gold.

- Das **Markenfenster** stellt Ihre Imkerei und deren Produkte als qualitativ hochwertige, angesagte oder exklusive Marke in den Mittelpunkt.
- Im **Stapelfenster** türmen sich die Warenberge. Klassisch für Imker ist die Pyramide aus Honiggläsern. Die Botschaft an den Kunden lautet, dass überreichlich da ist und das auch zu einem günstigen Preis.
- Das **Ramschfenster** ähnelt einem unübersichtlichen Lager verschiedenster Waren, die in dem Geschäft erhältlich sind. Kerzen jeder Größe, Badesalz, Honig, Geschenke, Shampoo und Bonbons stehen nebeneinander oder hintereinander aufgereiht, siehe Foto auf Tafel 7 unten rechts.
- Das **Themenfenster** ist die häufigste Form des Visual Merchandisings. Viele Händler dekorieren mindestens monatlich um. Passende Sujets liefern die Jahreszeiten. In vielen Fällen wird Ihnen der Händler anbieten, ein solches Themenfenster zu übernehmen. Ein beliebtes Thema ist der Frühling.

Immer wieder neu

Für die regelmäßige Neudekoration kann nicht jeder Geschäftsinhaber jedes Mal einen Profi organisieren. Diese Aufgabe überlässt er durchaus auch einem geschickten Lieferanten wie beispielsweise Ihnen, seinem Imker. Dabei muss die werbewirksame Gestaltung von Schaufenstern nicht teuer sein. Die in Branchenkreisen bekannte Schauwerbegestalterin Mary Portas, die für die berühmten Londoner Kaufhäuser Harrods und Harvey Nichols in London Schaufenster gestaltet, meint sogar: *„Es kam mir oft vor, dass die einfallsreichsten Fenster dann entstehen, wenn das Geld eher knapp ist, das heißt, wenn man seine Fantasie eher in kreativer als in finanzieller Hinsicht anstrengen muss.“*

Tipp
Schlagen Sie einem Ihrer Wiederverkäufer ein Frühlingsfenster vor. Dekorationsmittel sind Kunstrasen, Seidenblumen, ein Bienenkasten und imkerliche Werkzeuge.

Schritt für Schritt zum Hingucker

Ein gut gestaltetes Schaufenster bewirkt, dass Kunden, die sich von Ihrer Schauwerbung angesprochen fühlen, in den Laden eintreten

Beachten Sie das Ordnungsrecht

Für Schaukästen, die auf den Gehweg ragen, ist immer eine Nutzungsgenehmigung nötig. Diese erteilt Ihr zuständiges Ordnungsamt. Auf Ihrem Grundstück dürfen Sie in der Regel genehmigungsfrei Schaukästen oder Vitrinen aufstellen, die Passanten betrachten können. Fragen Sie trotzdem unbedingt vor der Aufstellung eines Schaukastens beim Ordnungsamt nach, ob Bedenken etwa aus denkmalpflegerischer Sicht bestehen.

und die ausgestellte Ware kaufen, siehe Foto auf Tafel 8 oben links. Durch die folgende Anleitung erreichen Sie dieses Ziel Schritt für Schritt.

Schritt 1: Thema finden
Was fällt Ihnen zum Thema ein? Zu Frühling, zu Honig? Machen Sie ein kurzes Brainstorming. Überlegen Sie sich, welche Assoziationen Sie zu dem vorgegebenen Thema des Fensters haben. Halten Sie die Ergebnisse auf einem Blatt Papier fest. Ermitteln Sie, was Sie besorgen und als Blickfang für die künftige Schaufensterdekorationen verwenden können.

Schritt 2: Idee entwickeln
Überlegen Sie sich, wie Sie das Schaufenster ungewöhnlich gestalten können. Ein Weihnachtsfenster braucht nicht unbedingt Tannengrün und ein Banner mit dem Aufdruck „Frohes Fest". Ein Osterfenster kann auch ohne Hasen und „Frohe Ostern" -Spruch auskommen. Denken Sie darüber nach, wie Sie ausgefahrene Gleise verlassen können.

Gut zu wissen

Ihre besondere Aufmerksamkeit verdient der Blickfang. Er vermittelt den Passanten Lust, näherzutreten. Dazu kann – ein wenig Geschick vorausgesetzt – auch ein selbstgeschriebener flotter Spruch werden oder ein schöner Bienenkorb, eine klassische Beute oder ein Werbeplakat des Deutschen Imkerbundes dienen.

Schritt 3: Entwurf planen
Am Anfang der Dekoration steht ein skizzenhafter Entwurf. Zeichnen Sie das leere Schaufenster und zwar am besten perspektivisch. Legen Sie fest, an welcher Position die wichtigsten Teile später stehen sollen. Die Perspektive ermöglicht es Ihnen, Vordergrund und Hintergrund des Fensters in einem Bild festzuhalten.

Schritt 4: Requisiten suchen
Im Unterschied zum Film muss im Schaufenster alles echt sein. Daher ist es wichtig, dass Sie echte Requisiten verwenden. Viele Gegenstände können Sie aus Ihrer Imkerei verwenden. Gebrauchsspuren, wie etwa Teerreste am Smoker wirken authentisch. Verzichten Sie aber auf solche historischen Ausstattungsgegenstände, von denen Passanten möglicherweise meinen könnten, sie seien noch im Einsatz,

zum Beispiel eine handgetriebene Schleuder aus Weißblech. Wollen Sie nicht darauf verzichten, ergänzen Sie das Schaustück wenigstens durch einen kleines Hinweiskärtchen mit der Aufschrift „Historische Honigschleuder, circa 1930".

Schritt 5: In Szene setzen
Rücken Sie das Fenster ins richtige Licht. Hierfür sollten Sie einen Fachmann, das heißt, einen Mitarbeiter des Geschäfts hinzuziehen. Was nützt die schönste Schaufenstergestaltung, wenn sie mangels Licht nicht ins Auge springt? Selbst bei Tage müssen die Exponate durch geeignete Lampen mit Punktstrahlern so ausgeleuchtet werden, dass Einflüsse des Tageslichts von außen nicht die Oberhand gewinnen. Strahler müssen in der Nähe der Exponate stehen, um sie optimal ins Licht zu setzen.

Schritt 6: Wirkung beurteilen
Zuletzt beurteilen Sie die Gesamtwirkung Ihres Schaufensters. Nicht jede Geschäftsstraße wird gleichmäßig in beiden Richtungen begangen. Es ist wichtig, seinen Schaufensterblickfang so zu platzieren, dass er besonders gut aus der Richtung zu sehen ist, aus der der Blick der meisten Passanten zwangsläufig kommt, wenn sie an dem Geschäft vorübergehen. Wenn es Ihnen dazu noch gelingt, auch die weniger frequentierte Gegenrichtung durch ein attraktiv angestrahltes Schaustück aufzuwerten, ist dies optimal.

Tipp
Pflegen Sie „Ihr" Schaufenster. Beseitigen Sie tote Fliegen und entfernen Sie die Reste von Klebestreifen, die häufig nach dem Entfernen von Plakaten noch an der Schaufensterscheibe haften.

Schritt 7: Verkaufsraum gestalten
Passanten, die sich von Ihrer Schauwerbung angesprochen fühlen, treten ein und suchen nach dem, was sie draußen gesehen haben. Im Verkaufsraum sollte daher eine Art Wiederholung des Fensters stattfinden. Dazu muss es nicht noch einmal nachgebaut werden. Irgendein Motiv der Schaufensterbotschaft reicht, um das Thema wieder aufzunehmen. Durchdachte Schauwerbung hört also nicht gleich hinter der Ladentüre auf, sie setzt sich im Inneren des Geschäfts fort.

Gut zu wissen

Nutzen Sie Ausstellungsstücke, um noch einmal auf Ihre Imkerei hinzuweisen, indem Sie kleine Schildchen mit der Aufschrift: „Leihgabe der Imkerei Müller" daneben stellen. Verzichten Sie auf die gängige Formulierung: „Freundliche Leihgabe der Imkerei ...". Nicht nur Deutschlehrern fällt auf, dass nicht die Leihgabe freundlich ist, sondern der dazugehörige Imker.

Durch Werbung zur Aufmerksamkeit

Gut zu wissen
Erfolgreich verkaufen Sie immer dann, wenn Sie großes Vertrauen bei Ihrer Zielgruppe genießen. Dies schaffen Sie durch ein einheitliches Unternehmensbild, ein gelungenes Logo und eine glaubwürdige Kommunikation.

Manche Imker denken erst über Werbung nach, wenn ihr Honiglager noch voll und die nächste Ernte unmittelbar bevor steht. Eine solch kurzfristige Verkaufsförderung drückt zwangsläufig auf die Preise. Der Erfinder der Werbepsychologie Hans Domizlaff hat bereits 1937 auf den Punkt gebracht, worum es bei erfolgreicher Werbung geht: um die Gewinnung des öffentlichen Vertrauens. Dieses Ziel ist nicht kurzfristig zu erreichen, sondern nur in Form eines langen Kommunikationsprozesses mit der Öffentlichkeit.

Was Ihre Imkerei unverwechselbar macht

Sie haben tolle Imkereiprodukte und damit schon einmal die wichtigste Voraussetzung, um als Marke „bemerkt" zu werden. Eine Marke ist nichts anderes als eine eigene, unverwechselbare Identität. Eine gute imkerliche Leistung ist die Voraussetzung.

Zur Gesamterscheinung Ihrer Imkerei gehört, wie Ihre Firma in ihrem Umfeld – also von Ihren Kunden, Lieferanten, Mitarbeitern, der Presse – wahrgenommen wird. Sie haben sich bereits überlegt (siehe Seite 65), was Ihre individuelle Kernleistung darstellt und diese in einem Elevator Pitch zusammengefasst. Sie können die folgenden Fragen beantworten.

- Welche Leistung biete ich?
- Was ist mein Schwerpunkt, das heißt, worin bin ich besonders gut?
- Wer sind meine bekanntesten Kunden?
- Welchen Nutzen biete ich meinen Kunden?
- Was unterscheidet mich von meinen Wettbewerbern?

Dieses auf den Punkt gebrachte Selbstbild ist der rote Faden in Ihrer Imkerei. Er ist der „Kern" Ihrer Marke. Es durchzieht als Wert Ihre sämtlichen Abläufe und Prozesse. So wird es zu Ihrem Erkennungszeichen. Betreiben Sie eine ökologische Imkerei, sieht Ihr Markenkern anders aus als bei einer Imkerei, deren wichtiger Wert die Exklusivität ist. Eine Bestäubungsimkerei hat ein anderes Selbstbild als Bienenzüchter.

Erscheinungsbild und Marke

Im Idealfall prägt der Markenkern Ihr gesamtes Erscheinungsbild. Dazu gehört zum Beispiel auch die Optik Ihrer Imkerei. Wenn einer Ihrer Mitarbeiter Honig ausfährt oder auf dem Markt steht, dann sollte deutlich zu sehen sein, dass er zu Ihrer Imkerei gehört. Das reicht von einem Firmen-Logo über die Firmenfarbe, die Architektur,

Checkliste: So überzeugen Sie mit Ihrem Erscheinungsbild	
Prüfpunkt	Ja
Der Name meiner Imkerei passt zu mir, zum Beispiel „Imkerei Örtel“, weil ich den Nachnamen „Örtel“ trage.	
Ich erwecke mit dem Erscheinungsbild meiner Imkerei bei meinen Kunden Aufmerksamkeit.	
Ich setze in meiner Werbung auf einen einheitlichen Firmennamen.	
Ich nutze einen Blickfang, wie einen Firmenschriftzug, ein Firmenlogo oder eine Wortmarke.	
Ich nutze eine spezielle Schriftart.	
Ich habe eine einheitliche Firmenfarbe.	
Meine Imkereibezeichnung und mein Imkereilogo sind leicht erfassbar, gut wahrzunehmen, einprägsam und unverwechselbar.	
Mein Imkereiname und mein Logo sind auf alle Werbemittel übertragbar, auch auf das Firmenfahrzeug.	
Mein Imkereiname und mein Logo sind auch in der Vergrößerung und in der starken Verkleinerung gut lesbar.	
Mein Imkereiname und das Logo wirken auch in Schwarz-Weiß.	
Meine Imkereiname und das Logo sind auch bei der Fax-Übertragung gut zu erkennen.	
Ich verdeutliche mit meiner Selbstdarstellung die Bedeutung meiner Imkerei.	
Ich zeige in meiner Selbstpräsentation mein Leistungsangebot.	
Ich zeige in meiner Selbstdarstellung die fachliche Kompetenz meiner Imkerei.	
Auswertung: Je mehr Aussagen Sie zustimmen können, desto schlüssiger und damit überzeugender ist das Erscheinungsbild Ihrer Imkerei. Bei Aussagen, denen Sie nicht zustimmen konnten, lohnt sich eine Überarbeitung Ihres Erscheinungsbildes.	

den Fuhrpark, den Messeauftritt, der Verpackung der Ware bis hin zu Ihrer Kleidung, siehe Foto auf Tafel 8 oben rechts.

Unverwechselbar wird Ihre Imkerei aber nicht nur durch äußerliche Zeichen, sondern auch durch Regeln und Normen. Ihre Kunden spüren sofort, wenn zwischen dem Bild und der Wirklichkeit ein Unterschied ist. Wenn ein Imker die Sauberkeit seiner Ware lobt, ein Kunde aber erlebt, dass er beim Schleudern keine Kopfbedeckung trägt, öffnet sich eine Glaubwürdigkeitslücke. Passt alles zusammen, bildet Ihre Imkerei eine glaubwürdige Einheit.

Ein Hersteller durchdesignter Imkereiprodukte vertritt eine andere Firmenkultur als ein Kollege, dem es besonders auf ökologische Eigenschaften und Nachhaltigkeit ankommt. Ein Teil davon ist die Sprache, die Sie nutzen. Stellen Sie sich Ihre Imkerei als Person vor. Wie sie sich ausdrückt, sagt viel über ihren Charakter aus. Ist sie beispielsweise

- **betulich**, sagt sie: „nach alter Imkerart durch behutsames Kaltrühren hergestellt“ (www.sonnenlandhonig.at) oder eher

- **jugendlich-frech**, z. B. über jungsteinzeitliche Höhlenmalereien: „Folgt man den Hinterlassenschaften früherer Graffiti-Künstler, sammelten *pfiffige* Honigjäger die „Speise der Götter" (www.honig-schmidt.de). Vielleicht formuliert die Person auch
- **sachlich-wissenschaftlich**: „Wegen der Gefahr der Rückstandsbildung in Wachs und *Honig* sind chemisch-synthetisch-allopathische Medikamente ausgeschlossen."(www.biohof-mayer.de).

Gut zu wissen
Ablesen können Sie den Markenwert Ihrer Imkerei daran, dass der Stammkundenanteil mehr und mehr zunimmt.

Werte, Erscheinungsbild, Ausdrucksweise – das zusammen bestimmt Ihren Markenauftritt. Vermeiden Sie daher alles, was Ihr Markenbild stört, denn der Wert einer Marke besteht in ihrer Verlässlichkeit. Sie bestätigt die Vorstellungen, die von einem Imkereiprodukt, einer imkerlichen Dienstleistung oder der Imkerei selbst ausgehen.

Ihr Unternehmen ist einzigartig. Vermitteln Sie dies auch Ihren Kunden, indem Sie sich ein Erscheinungsbild wie aus einem Guss geben. Die Checkliste auf Seite 93 hilft Ihnen bei einer Bestandsaufnahme. Prüfen Sie, ob Ihre Selbstdarstellung in sich schlüssig und damit werbewirksam ist.

In nur vier Schritten zum zündenden Werbeslogan

Sicher gibt es in Ihrer Nähe andere Imker, die sich mit einem ähnlichen Angebot um denselben Kundenkreis bemühen. Durch einen einprägsamen Slogan können Sie sich von Ihrem Konkurrenten abheben. Ein zündender Spruch, englisch „claim", sagt in wenigen Worten, wofür Sie stehen. Ein Slogan ist die kürzeste Kommunikationsform mit der Öffentlichkeit.

Gut zu wissen
Vermeiden Sie unbedingt einen abgedroschenen Slogan wie „Honig aus eigener Imkerei". Ein Slogan, den alle verwenden, macht nicht unverwechselbar. Nur starke Slogans wirken wie ein Weckruf an mögliche Kunden.

Wie schon bei den Werbetexten ist es ein Unterschied in welchem Stil Sie kommunizieren. Das kann sehr distinguiert sein wie etwa „apicultura palatina – Pfälzer Bienenkultur" (www.imkerei-bunsen.de) oder ganz bodenständig wie „... aus der blühenden Natur" (www.imkerei-duehnen.de).

Zwar ähneln sich manche Slogans stark, doch da es auf jedes Wort ankommt, macht es schon einen Unterschied, ob ein Imker mit „Wir versüßen Ihr Leben" (www.imkerei-kohfink.de) oder mit „Qualität aus Nordhessen versüßt Dein Leben" (www.honigivan.de) für sich wirbt. Der erste Imker betont seine Kundennähe, der zweite die Güte seiner Imkereiprodukte.

So finden Sie einen Slogan, der zu Ihnen passt.

Schritt 1: Kern bestimmen

Haben Sie den Mut und legen Sie sich auf einen inhaltlichen Kern fest. Spezialisieren Sie sich auf etwas, das gefragt ist und das Sie im Vergleich zu Ihren Mitbewerbern ganz besonders gut können. Denken Sie dabei nicht nur an Honig, sondern werden Sie spezieller: „Meine Stärke ist Cremehonig", allgemeiner: „Meine Imkereiprodukte sind besonders gesund“ oder funktionaler: „Mein Honig sorgt für einen guten Start in den Tag“. Formulieren Sie dazu ein einzigartiges Verkaufsargument. Es wird in der Werbesprache auch USP, Unique Selling Proposition (deutsch: Alleinstellungsmerkmal) genannt.

Schritt 2: Bild finden

Steht Ihr USP fest, geht es nun um den Slogan selbst. Sie können ja den gefundenen USP-Satz selten einfach so unter Ihren Namen setzen und in der Werbung verwenden – er ist meist zu lang und kompliziert. Sie müssen diesen Satz verknappen und zugleich so formulieren, dass ein Kunde aufhorcht und sich die Aussage merkt. Denken Sie in Bilder. Ein Imker, der auf seinen Cremehonig stolz ist könnte das Sprachbild von der „zarten Versuchung“ oder „zergeht auf der Zunge“ verwenden. Seien Sie ruhig kreativ!

Schritt 3: Slogan formulieren

Sie haben bis jetzt eine Materialsammlung vor sich liegen, die aus Wörtern und Sprachbildern besteht. Daraus setzen Sie jetzt kurze, griffige Aussprüche zusammen, die Ihre USP umschreiben. Notieren Sie alle Slogans, die sich rhythmisch anhören, leicht verständlich und kurz genug sind. Slogans für den Cremehonig-Imker könnten hier sein:

- „Honig – zart wie die Liebe“
- „Zarte Versuchungen in Honig“
- „Traumhaft cremiger Honig“

Bewerten Sie jeden Satz daraufhin, wie gut er den Kern Ihrer USP erfasst. Fragen Sie Ihre Kunden, welcher Slogan ihnen am besten gefällt. Wählen Sie den Slogan aus, der einerseits den meisten Zuspruch erhält und andererseits Ihrem „Bauchgefühl“ entspricht.

Schritt 4: Wirksamkeit prüfen

Nur ganz wenige Slogans sind Klassiker, die wie „Haribo macht Kinder froh“, die auch nach siebzig und mehr Jahren noch frisch klingen. Manche verlieren ihre Wirkung, weil sie nicht mehr zum Zeitgeist oder zur Firma passen. Sollten Sie zum Beispiel feststellen, dass Ihre Imkerei mehr mit Bestäubung oder Bienenzucht als mit klassischen Imkereiprodukten verdient, sollten Sie auch Ihren Slogan ändern.

Aber auch wenn alles scheinbar gleich bleibt, sollten Sie den Werbespruch mindestens alle fünf Jahre auf seine Aktualität hin abklopfen. Das sind die Prüfpunkte:

- **Der inhaltliche Kern muss noch stimmen.** Erst wenn Sie Ihre Positionierung und Ihre USP schriftlich formuliert haben, sollten Sie sich an die Arbeit machen, den dazu passenden Werbeslogan zu finden.

- **Die Umsetzung sollte kreativ sein.** Achten Sie darauf, dass der Slogan nicht abgedroschen wirkt wie etwa „Honig und mehr ...“ oder „Die etwas andere Imkerei“.
- **Der Slogan muss griffig sein.** Wer ihn liest oder hört, soll ihn ansprechend finden und ihn sich merken können. Der Slogan darf also nicht aus zu vielen Wörtern bestehen. Er darf niemandem ein Rätsel aufgeben – auch nicht durch die Verwendung von englischen Wörtern, wenn es nicht zur Zielgruppe passt.

Machen Sie Ihr Firmenlogo zu einem echten Blickfang

Verweisen Sie mit einem Firmenlogo auf Ihre Firma. Dieses Bild- oder Schriftzeichen ist wie eine Visitenkarte. Im Idealfall drückt es die Philosophie Ihrer Imkerei durch ein einprägsames Symbol in Bild oder Schrift aus. Schenken Sie Ihrem Logo daher besondere Beachtung, denn es steht in ständigem Dialog mit Kunden, Lieferanten und Kollegen. Prüfen Sie, ob Ihr jetziges Logo seine Funktion erfüllt. Dazu sollte es folgende Kriterien erfüllen:

- Das Zeichen muss unmissverständlich und unverwechselbar sein.
- Es muss eine Botschaft enthalten.
- Das Logo muss auffallen, sich positiv von Wettbewerbern abheben und Interesse wecken.
- Das Logo muss Ihr Angebot und Sie persönlich optimal repräsentieren.
- Das Logo muss leicht einprägsam und einwandfrei zu vervielfältigen sein.

Tipp

Nutzen Sie ein Logo, das aus einem Schriftzug und einem Bild besteht. Beides zusammen prägt sich besser ein.

Überlegen Sie, ob Ihnen ein Wort- oder Bildzeichen besser gefällt. Bei einem Wortzeichen ist Ihr geschriebener Imkereiname das Logo. Wortzeichen wie der Coca-Cola-Schriftzug werden zumeist nur von sehr großen Unternehmen genutzt. Selbst die eingeführte Honigmarke Langnese hat zusätzlich zu Ihrem bekannten Schriftzug ein kleines Wappen mit einem Honigkorb in der Mitte.

So ähnlich handhaben es die meisten Imkereien. Sie nutzen einen Schriftzug und ein Bildzeichen. Dadurch wird zusätzlich zum Namen

Beachten Sie

Nehmen Sie keine fertigen Clip-Art-Logos. Jeder PC-Nutzer kennt die große Auswahl an Bild- und Grafikvorlagen, die auch zur Logo-Herstellung nutzbar sind. Vielleicht haben Sie bereits über ein solches Logo nachgedacht. Es ist zwar schnell ausgewählt und billig, doch diese selbst gemachten Logos fallen durch geringe Professionalität auf. Das ist sicher nicht der Eindruck, den Sie vermitteln möchten.

Checkliste: Bin ich auf das Briefing des Logo-Entwerfers gut vorbereitet?	
Frage	Antwort
Wie lautet die genaue Firmenbezeichnung?	
Seit wann existiert Ihre Imkerei?	
Welche wirtschaftliche Bedeutung hat Ihr Unternehmen auf dem Markt für Imkereiprodukte?	
Verkaufen Sie nur Produkte oder bieten Sie auch Dienstleistungen an?	
Wo treffen Sie Ihre Kunden?	
Welche Vertriebswege werden genutzt?	
Was wissen Sie über Ihre Kunden?	
Was schätzen diese an Ihrer Imkerei besonders?	
Worin sind Sie besser als andere Imkereien?	
Wo haben Sie Schwachstellen gegenüber anderen?	
Was soll Ihr Firmenzeichen vermitteln?	
Wie könnte es aussehen, um Ihren Kunden zu gefallen?	
Wie hat sich Ihre Imkerei bisher optisch präsentiert?	

ihr Angebot visualisiert, typischerweise durch einen Bienenkorb oder durch ein Symbol in einer sechseckigen Wabe.

Machen Sie es ebenso und entwerfen Sie mithilfe eines Werbegrafikers ein prägnantes Logo. Informieren Sie sich zuvor auch über den Auftritt anderer Imkereien auf Ihrem Markt. Sie finden deren Logos zumeist im Internet, auf den Honigetiketten, in den Gelben Seiten, auf Fahrzeugen und natürlich auf deren Geschäftspapieren. Sie bekommen so ein Gefühl dafür, wie Ihr Firmenzeichen aussehen muss, um sich von diesen abzuheben.

Beauftragen Sie für ein professionelles Erscheinungsbild Fachleute. Das kann eine Werbeagentur, ein freiberuflicher Grafiker oder ein Grafik-Design-Student mit Erfahrung in der Logo-Entwicklung sein, denn für sie gehören Logos zum Tagesgeschäft. Ein Grafiker wird Ihnen, bevor er sich an die Arbeit macht, eine Reihe von Fragen stellen. Er möchte Sie und Ihr Geschäft etwas näher kennenlernen, damit er sich besser in Ihre Situation hineindenken kann.

Mit der Checkliste oben prüfen Sie vor dem Briefing-Gespräch, ob Sie gut vorbereitet sind. Vielleicht meinen Sie, dass diese Fragen beziehungsweise Ihre Antworten mit dem Logo-Entwurf nichts zu tun haben, doch tatsächlich sagen sie dem Grafiker sehr viel. Fragt er nach dem Alter Ihrer Firma, will er wissen, ob Sie ein Traditionsunternehmen sind. Das hat zum Beispiel Auswirkungen darauf, welche Schrifttype er wählt.

Halten Sie den Inhalt des Briefing-Gesprächs schriftlich fest. Prüfen Sie die Aufzeichnungen sorgfältig. Sie sind Grundlage der gesamten Logo-Entwicklung. Verlangen Sie im Anschluss einen Zeitplan und einen Kostenvoranschlag.

Hinterlassen Sie mit einem Imkerei-Flyer Eindruck

Anzeigen, Plakate, Flyer – die Möglichkeiten gedruckter Werbung sind groß. Allerdings spielt bei den meisten Imkereien nur der Firmenflyer eine Rolle. Eine Anzeige wird in der Regel von der Zeitschrift, der Tageszeitung oder dem Anzeigenblatt gestaltet, in der sie erscheinen soll. Plakate werden in vielen Fällen über den Deutschen Imkerbund bezogen und möglicherweise noch durch einen Adresseindruck ergänzt.

Es bleiben Flyer. Diese ersetzt den Elevator Pitch in der schriftlichen Kommunikation (siehe Seite 65). Immer wenn sich ein möglicher Kunde für Ihre Imkerei interessiert, brauchen Sie eine solche gedruckte Kurzvorstellung. Legen Sie zum Beispiel jeder Erstbestellung oder jeder Anfrage einen Imkerei-Flyer bei.

Wie beim Elevator Pitch kommt es auf eine gute Formulierung an. Das Beste daran: Ist die Vorstellung einmal formuliert, können Sie diese immer wieder nutzen. Hier sind fünf Regeln für einen aufmerksamkeitsstarken Flyer.

Regel 1: Schreiben Sie aus Sicht Ihrer Kunden.

„Wir über uns" – das liest man häufig. Das bedeutet jedoch: Wir berichten über uns, unsere Mitarbeiter und unsere tolle technische Ausstattung mit der beeindruckenden Schleuder. Kein Wunder, dass ein Interessent schnell den Eindruck bekommt: „Was ich will, interessiert diese Imker gar nicht!" Besser: Schreiben Sie aus Sicht des Interessenten:

- Was bieten Sie ihm?
- Was hat er von Ihren Imkereiprodukten?
- Schreiben Sie also: „Sie möchten, das jedes Frühstück zu einem gelungenen und gesunden Start in den Tag wird? Dann sind Sie bei uns richtig!"

Regel 2: Betonen Sie den Nutzen für Ihre Kunden.

Viele Darstellungen sind mit Details überfrachtet, wie technischen Angaben: „unter 18% Wassergehalt", Arbeitsmethoden: „hochmoderne Anlagen", Produktionsverfahren: „kalt geschleudert" oder einer Aufzählung aller Sorten. Kein Kunde kann daraus schließen, welchen Nutzen ihm das bringt. Überzeugen Sie Ihre Kunden besser davon, dass Ihr Honig steht für

- intensive Aromen durch einen niedrigen Wassergehalt,
- Erhalt aller gesunden und wertvollen Inhaltsstoffe durch schonende Verarbeitung,

- cremige Konsistenz durch behutsames Rühren,
- unterschiedliche Geschmackserlebnisse durch die Vielfalt Ihrer Sorten.

Schreiben Sie also: „Von der Ernte bis zur Abfüllung verarbeiten wir unseren Honig mit größter Sorgfalt und ohne Erhitzen. Unser handwerkliches Können schmecken Sie mit jedem Löffel." Das ist besser als: „Die Honiggewinnung erfolgt mit einer 16-Waben-Radialschleuder in unserem modernen Schleuderraum."

Regel 3: Sorgen Sie für Vertrauen.
Durch Ihre Kurzvorstellung möchten Sie das Vertrauen möglicher Kunden in Ihre Leistungsfähigkeit gewinnen. Es gibt vertrauensbildende Argumente, die Sie auf jeden Fall betonen sollten, wenn Sie denn bei Ihnen zutreffen. Schwindeln wirkt kontraproduktiv, wenn es herauskommt. Gute vertrauensbildende Argumente sind

- **Tradition:** Ein seit mehreren Generationen existierende Imkertradition steht für Verlässlichkeit und hohe Qualität.
- **Neugründung:** Sie haben eine gute Ausbildung und arbeiten mit den modernsten und präzisesten Geräten.
- **Ausbildung:** Weisen Sie auch auf Ihre fachliche Eignung hin, indem Sie Ihre Ausbildungszertifikate erwähnen, etwa das Abschlusszertifikat eines Imkerkurses oder des D.I.B.-Honiglehrgangs, der Sie dazu berechtigt, das Einheitsglas zu nutzen.
- **Referenzen:** Schön, wenn Ihre Imkereiprodukte von Kunden mit Strahlkraft genutzt werden. Verweisen Sie in Ihrem Flyer beispielsweise auf das 5-Sterne-Hotel, das Sie mit Honig beliefern, ein bekanntes Unternehmen, das bei Ihnen Präsentkörbe in Auftrag gegeben hat oder Prominente, die Honig bei Ihnen gekauft haben.

Tipp
Fragen Sie Ihre prominenten Kunden, ob Sie diese als Referenzen in Ihrem Imkerei-Flyer angeben dürfen.

Regel 4: Geben Sie eine Vorstellung von Ihrem Preisniveau.
Jeder Interessent weiß es zu schätzen, wenn er gleich eine Vorstellung von den Kosten bekommt. Mit Preisangaben kann ein Kunde aber nur etwas anfangen, wenn sie sich auf klar abgrenzbare Leistungen oder ihm bekannte Produkte beziehen. Da Sie viele verschiedene Imkereiprodukte anbieten, beschränken Sie sich auf einzelne. Solche Preisbeispiele ermöglichen es den Lesern, Ihr Preis-Leistungsverhältnis einzuschätzen.

Falls Sie den Flyer mehrere Jahre nutzen wollen, dann erwähnen Sie zwar die Produkte, aber ohne Preisangabe. Denn in eine mehrere Jahre gültige Broschüre gehören nur langlebige Informationen. Preise ändern sich aber oft schnell. Schreiben Sie die jeweils aktuellen auf ein separates Einlegeblatt! Die Einlegeblätter können Sie selbst auf dem PC erstellen, bei Bedarf ändern und ausdrucken.

Regel 5: Lassen Sie einen Profi gestalten.
Wie bei allen anderen Drucksachen lohnt es sich, wenn Sie einen Profi mit der Gestaltung Ihres Imkerei-Flyers beauftragen. Von dessen Professionalität hängt es ab, wie die Leser Ihre Imkerei einschätzen. Ein dilettantischer Flyer legt den Eindruck nahe, dass so auch in der betreffenden Imkerei gearbeitet wird.

Wollen Sie nicht gleich einen Grafiker oder Mediengestalter beauftragen, unterstützt Sie eine lokale Werbeagentur oder auf Geschäftsdrucksachen spezialisierte Druckerei bei der Gestaltung.

Steigern Sie mit einem Tag der offenen Tür Ihre Bekanntheit

Dies ist eine hervorragende Möglichkeit, Ihr Angebot und Ihre Imkerei zu präsentieren. Der Deutsche Imkerbund fordert alle interessierten Imkereien dazu auf, am 1. Juli-Wochenende jedes Jahres die Türen für einen „Tag der Deutschen Imkerei“ zu öffnen. Daneben gibt es den jährlichen „Tag des offenen Hofes“ oder regionale Initiativen wie etwa die „Brandenburger Landpartie“.

Sie können sich mit Ihrer Imkerei anschließen und vom zentralen Marketing profitieren. Das heißt konkret: Ihre Imkerei wird in die Broschüre und den Internetauftritt für den Veranstaltungstag aufgenommen. Außerdem erhalten Sie Werbematerial, das Sie an Ihre Kunden verteilen können. All dies ist für Sie kostenlos und Sie erreichen so

- **mehr Umsatz:** Kunden, die einen Blick hinter die Kulissen Ihrer Imkerei geworfen haben, werden sich stärker mit Ihnen als mit anonymen Mitbewerbern identifizieren.
- **kostenlose PR:** Planen Sie einen medienwirksamen Programmpunkt mit ein. Versuchen Sie zum Beispiel einen Prominenten als Gast zu gewinnen, der eine Rede hält oder eine moderne Anlage einweiht.
- **eine bessere Akzeptanz durch Ihre Nachbarn:** Dies gilt besonders für den Fall, dass Sie Ihre Bienen in einem Wohngebiet halten. Wenn Sie Ihren Nachbarn vor Ort zeigen, dass bei Ihnen alles unternommen wird, um Belästigungen so gering wie möglich zu halten, können Sie in Zukunft mit mehr Verständnis rechnen.

Hinweis
Achten Sie darauf, dass sich Ihre Veranstaltung nicht mit wichtigen lokalen Terminen wie Kultur- und Stadtteilfesten oder Sportveranstaltungen überschneidet. Vermeiden sollten Sie auch Termine, die in der Ferienzeit liegen.

Den besten Termin finden

Der beste Wochentag für einen Tag der offenen Tür ist der Samstag. Bei Verbrauchern ist die Chance größer, dass sie dann Zeit für einen Besuch haben. Wenn Sie Ihre Einzelhändler einladen möchten, dann wählen Sie den Sonntag für Ihren Tag der offenen Tür, denn samstags ist für diese ein Arbeitstag. Ihr Tag der offenen Tür braucht keinen besonderen Anlass, doch Sie erhöhen die Aufmerksamkeit, wenn Sie einen besonderen Anlass, ein Jubiläum oder eine Premiere, wie etwa eine neue Schleuderstraße, vorweisen können.

Publikum einladen
Laden Sie Pressevertreter, Lieferanten, Ihre Partner und die Verwandten Ihrer Imkereimitarbeiter ein. Sie können damit rechnen, dass bis zu 20 % Ihrer Stammkunden einer Einladung folgen und zu Ihrem Tag der offenen Tür kommen. Das ist ein Erfahrungswert. In der Regel erscheinen mehr Teilnehmer, als vorab Anmeldungen eingegangen sind, siehe Foto auf Tafel 8 unten links.

Schwerpunkt der Veranstaltung
Legen Sie zunächst fest, ob Ihre Veranstaltung eher den Verkauf oder Ihre Bekanntheit fördern soll. Stehen PR-Ziele im Vordergrund, laden Sie ein möglichst breit gestreutes Publikum ein. Im Programm spielen dann Attraktionen und Unterhaltung die größte Rolle.

Ist Ihnen besonders die Verkaufsförderung wichtig, sollte Ihr Schwerpunkt bei Produktvorstellungen liegen. Zeigen Sie, wie gut Ihre Kerzen brennen, wie herrlich Ihr Honig schmeckt, wie köstlich Ihr Honigwein mundet und wie schnell die Handsalbe einzieht. Regen Sie Ihre Besucher zu neuen Rezeptideen an, beispielsweise mit einer aus Honigwein zubereiteten Bowle. Auch eine Ausstellung vielleicht von Bienenwohnungen „vom Strohkorb bis heute“ ist sinnvoll.

Um die am Tag der offenen Tür geknüpften Kontakte zu festigen, bieten sich folgende Maßnahmen an:

- Bedanken Sie sich bei allen Besuchern mit einem persönlichen Brief für den Besuch.
- Senden Sie am Tag nach der Veranstaltung einen kurzen Bericht mit Foto an alle Medien Ihrer Stadt oder an die Lokalreporter Ihrer regionalen Zeitungen.

Hinweis
Nutzen Sie den Tag der offenen Tür, um Adressen für Ihre Werbung zu sammeln. Das gelingt Ihnen durch ein Gewinnspiel mit Adresscoupon.

Mit Pressemitteilungen in die Zeitung kommen

Eine gedruckte Pressemitteilung ist die kostengünstigste Methode, Eigenwerbung für Ihr Unternehmen zu betreiben. Aber, anders als bei einer bezahlten Anzeige, gibt es bei Pressemitteilungen keine Veröffentlichungsgarantie. Der zuständige Redakteur entscheidet, was er in sein Medium aufnimmt und was nicht. Nur wenn der Redakteur die Pressemitteilung interessant findet – und zwar nicht für sich persönlich, sondern für seine Leser – wird sie gedruckt.

Als Imker haben Sie dafür die besten Voraussetzungen, denn Leser mögen Geschichten über die Tiere sehr gerne. „Kinder und Tier gibt nie ne Vier“, lautet ein unter Journalisten kursierender Spruch. Auf eine freundliche Aufnahme Ihrer Pressemitteilung können Sie also hoffen – vorausgesetzt, Sie halten sich an einige der folgenden Grundsätze.

Die Antwort auf die Frage „Wer macht was?“ gehört an den Anfang jeder Pressemitteilung. Anschließend können Sie im erläuternden Teil auf das Wann, Wo, Wie, Warum eingehen. Diese Reihenfolge sollten Sie auch in Ihrem Text beibehalten.

Tipp
Wenn Sie Ihre Presseinformation nicht ausschließlich an die Fachpresse schicken, sollten Sie auf alle Ausdrücke verzichten, die nur Imker verstehen.

Fassen Sie sich kurz!
Einer der häufigsten Fehler ist das Verfassen zu langer Texte. Füllworte, langatmige Formulierungen und überflüssige Marketingfloskeln („super") haben in Pressetexten nichts zu suchen. Besonders Redakteure von Tageszeitungen schreiben ihre Texte im „Nachrichtendeutsch". Versuchen Sie diesen Ton so weit wie möglich zu treffen.

Konkret heißt das: Schreiben Sie in klaren, kurzen Sätzen ohne schmückendes Beiwerk. Verzichten Sie auf eingeschobene Nebensätze. Verwenden Sie möglichst das Aktiv, nicht das Passiv (also: „Biene sticht Mann" statt „Mann wurde von einer Biene gestochen"). Denken Sie dabei daran, dass es „Fakten, Fakten, Fakten" sind, die den Zeitungsleser interessieren.

Übertreiben Sie nicht!
Eine Pressemitteilung darf niemals im „Hurra-Stil" geschrieben werden – die Redaktionen drucken grundsätzlich nur sachliche Texte ab. Vermeiden Sie es also, Ihre Imkerei hochzujubeln. Verzichten Sie auf Superlative („weltweit einzigartig"), selbst dann, wenn Sie damit Recht haben. Schreiben Sie stattdessen: „Die Imkerei arbeitet mit Langstroth-Rähmchen, dem Maß der Weltimkerei".

Verzichten Sie auf Fachbegriffe
Gerade die Imkerei ist voller Fachausdrücke, die außerhalb der Branche nicht begriffen werden, „Beute", „der/die Weisel" oder „Smoker". Die Folge ist, dass der Redakteur oft gar nicht versteht, worum es eigentlich geht – und die Mitteilung wegwirft. Nur Pressemitteilungen, in denen komplizierte Sachverhalte einfach beschrieben werden, erzielen eine gute Resonanz. Schreiben Sie also statt „Beute" Bienenwohnung, statt „Weisel" Königin und statt „Smoker" Räucherer oder Rauchapparat.

Bringen Sie nur positive Nachrichten
Sicher gibt es unter Imkern viele Aufregerthemen, ewa hohe Auswinterungsverluste, genveränderte Pflanzen, Pflanzenschutzmittel und angeblich untätige Bieneninstitute. Damit erzielen Sie bei den Redaktionen zwar Aufmerksamkeit, schaden aber nicht nur Ihrer Imkerei. Wenn Sie sich beispielsweise über Pflanzenschutzmittel erregen, setzt sich bei den Lesern sehr leicht fest, dass Ihr Honig mit Pflanzenschutzmitteln belastet sein könnte. Mit PR wollen Sie aber eine positive Aufmerksamkeit für Ihre Imkerei erzeugen. Das gelingt aber nur durch positive Themen!

Liefern Sie gute Pressefotos!
Wenn Sie Ihrer Pressemitteilung ein Foto beilegen, erhöht sich Ihre Chance, dass daraus ein auffälliger Artikel wird. Ein Text mit Bild er-

regt die Aufmerksamkeit der Leser viel mehr und prägt sich besser ein. Jedoch muss das Bild den Text sinnvoll ergänzen. Reine Produktabbildungen sind als Pressefotos in der Regel nicht geeignet, da sie zu werblich wirken.

Wenn Sie allerdings Ihre Imkereiprodukte in der Anwendung zeigen, vielleicht wie Ihr kleines (Enkel-)Kind genussvoll einen Honiglöffel abschleckt, steht einem Abdruck aus Sicht des Redakteurs nichts im Wege. Entsprechend sollten Sie auch kein Portrait von sich selbst beilegen. Nichts spricht hingegen gegen ein Foto, das Sie bei der Arbeit an den Bienen zeigt.

Nutzen Sie einen Presseverteiler

Wie bei der Schaltung einer Anzeige überlegen Sie sich vor der Aussendung einer Pressemitteilung, mit welchen Medien Sie Ihre Zielgruppe am besten erreichen. Ein Tag der offenen Tür ist zum Beispiel ein Thema für die Lokalpresse. Bauen Sie einen Presseverteiler mit Post- und E-Mail-Adressen auf, den Sie ständig auf dem neuesten Stand halten. So schicken Sie nichts an solche Redaktionen, die Ihr Anliegen nicht interessiert.

14 Ideen für eine gelungene Pressemitteilung

Sie wissen nicht, worüber Sie eine Pressemitteilung schreiben sollen? Doch es gibt vielfältige Anlässe, die Sie dafür nutzen können. Hier ist eine Auswahl an Themen, über die Journalisten gerne berichten:

- Eröffnung eines Hofladen oder Geschäfts für Imkereiprodukte oder -bedarf
- Bezug eines neuen Gebäudes
- Einführung neuer Produkte oder Dienstleistungen
- Firmenjubiläen
- Erfolgreiche Abschlüsse (neue Aufträge, neue Kunden)
- Neue Geschäftsfelder/Erweiterung des Leistungsspektrums
- Bilanz über den Verlauf des Bienenjahrs
- Teilnahme an Messen, Ausstellungen und Kongressen
- Veranstaltungen wie: Tag der offenen Tür oder Beginn eines Anfängerkurses
- Auszeichnungen oder Prämierungen, beispielsweise bei einem Honigwettbewerb
- Zertifizierungen, zum Beispiel als Bio-Betrieb
- Unterstützung wohltätiger Organisationen, Förderung sportlicher und kultureller Veranstaltungen (Sponsoring)
- Besondere soziales Engagement wie etwa das Heranführung von Schulkindern an die Imkerei
- Azubis beginnen ihre Ausbildung, werden ausgezeichnet oder übernommen

Binden Sie Ihre Kunden an Ihre Imkerei

In den bisherigen Kapiteln haben Sie erfahren, wie Sie Kunden dazu bringen, Ihnen Imkereiprodukte abzukaufen. Zu Beginn dieses letzten Kapitels wartet nun eine Überraschung auf Sie. Ich sage Ihnen: Es ist schön, wenn Ihre Kunden mit dem Produkt zufrieden sind, aber es ist nicht wettbewerbsentscheidend. Zufriedenheit allein sagt nämlich nichts über erfolgreiches Verkaufen aus. So geben 85 % der Kunden bei Befragungen regelmäßig an, mit einem vor Kurzem gekauften Produkt zufrieden zu sein. Trotzdem kaufen nur 40 % die gleiche Ware wieder beim selben Händler.

Schauen Sie sich einmal an, welche Ihrer Rücklaufgläser tatsächlich aus Ihrer Imkerei sind. Je mehr Imker in Ihrer Nähe sind, desto mehr Gläser von diesen Imkern bringen Ihre Kunden in Ihre Imkerei. Der Grund: Die Kunden lieben Honig, doch aus welcher Imkerei er kommt, ist für sie nicht so entscheidend. Nur wenn sie nicht mit Ihnen zufrieden wären, kämen sie überhaupt nicht.

In diesem Kapitel erfahren Sie, wie Sie es schaffen, dass Kunden nicht nur ab und an sondern regelmäßig bei Ihnen kaufen.

Welche Kundenbindungssysteme nutzen Sie?

Manche Imker haben bereits erkannt, dass sie von den Kunden am meisten profitieren, die ihren gesamten Bedarf an Honig- und anderen Imkereiprodukten bei ihnen decken.

- Sie nutzen ein **Pfandsystem**. Die Idee: Kunden, die das Gläserpfand einlösen möchten, kaufen – da sie schon einmal in der Imkerei sind – wieder volle Gläser ein.
- Sie nutzen eine **Rabattkarte**. Die Idee: Für jedes Glas, das der Kunde kauft, bekommt er einen Stempel in ein Feld seines Treuepasses. Sind alle Felder gestempelt, erhält der Kunde ein Präsent, zum Beispiel ein dekoratives Honigtöpfchen für den Frühstückstisch (Bezugsadresse: Materialversand des Deutschen Imkerbundes).
- Sie geben zu jedem Kauf ein kleines **Werbegeschenk**, wie einen Luftballon oder eine kleine Figurenkerze, dazu.
- Sie laden besonders treue Kunden zu einem vorweihnachtlichen Kerzenbastelabend oder zu einem **Blick hinter die Kulissen** ein.
- **Vorabinformationen**: Die besten Kunden erfahren, welche neuen Honigsorten sie im Programm haben, noch bevor die neue Ware offiziell in den Verkauf geht.

Obwohl Imker mit solchen Kundenbindungsinstrumenten arbeiten, bleiben die Ergebnisse häufig hinter den Erwartungen zurück. Dies sind die zwei häufigsten Gründe.

Grund 1

Manche Imker haben zwar mit viel Herzblut begonnen, ihr Marketing in Richtung Kundenbindung auszurichten. Wenn sie scheitern, liegt das oft an Insellösungen, hinter denen kein systematisches Konzept steht. So gibt es gerade unter den Honigliebhabern gutsituierte Kunden, die sie mit einem 25-Cent-Glaspfand nicht locken können. Anderen ist die Stempelei in ein Sammelkärtchen zu kleinkrämerisch oder sie empfinden Ihre Figurenkerzen als kitschig.

Entwerfen Sie besser Maßnahmen, die bei Ihrer Zielgruppe ankommen. Planen Sie Kundenbindungsmaßnahmen genau so, wie Sie Ihre Imkereiprodukte planen.

Grund 2

Es gibt erklärungsbedürftige Imkereiprodukte wie Propolis. Oft gelingt es Imkern nicht, den Kunden durch die gewünschten Informationen zu überzeugen. Die Bedürfnisse des Kunden und das tatsächliche Informationsangebot des Imkers weichen deutlich voneinander ab. Häufig ist der Kunde bei der Anwendung unsicher und ihm kommen Zweifel, ob die Kaufentscheidung richtig war.

Das können Sie tun

Bieten Sie dem Kunden an, dass Sie ihm Anwendungsbeispiele für Propolis oder ein anderes Imkereiprodukt zukommen lassen. Entsprechende Informationen finden Sie in Ihrer wahrscheinlich vorhandenen Imkerbibliothek. Schreiben Sie eine Produktinformation, die Sie jedem Propoliskäufer mit der Ware aushändigen. Bieten Sie dem Kunden nicht nur vor dem Kauf Unterstützung an, sondern auch im Anschluss. Notieren Sie sich die Adresse. Diese können Sie über die versprochenen Informationen hinaus nutzen, um den Kunden über ähnliche Produkte aus Ihrer Imkerei zu informieren.

Erkennen Sie, was Ihre Kunden wirklich Wert sind

Kundenbindung lohnt sich nur, wenn es sich um einen Kunden handelt, der den Aufwand wert ist. Leider sehen Sie keinem Kunden an der Nasenspitze an, welche Umsätze Sie in Zukunft mit ihm machen werden. Dies erfahren Sie nur, wenn Sie Ihre Kunden nach einiger Zeit und dann regelmäßig kategorisieren.

Dazu brauchen Sie aber die richtigen Daten, die Sie nur erhalten, wenn Sie die Kunden kennen. So verschieden Ihre Kunden auch sind, eines haben Sie gemeinsam: Sie lassen sich nach Umsätzen, die sie mit Ihrer Imkerei machen, einteilen.

ABC-Kategorisierung
Ein einfaches Verfahren, das nur die Umsätze in den Blick nimmt, ist das sogenannte ABC-Verfahren. Besonders bei der Analyse von Stammkunden ist es weit verbreitet und zwar unabhängig davon, ob Sie Ihr Produkt an Verbraucher oder Wiederverkäufer abgeben.

Legen Sie zunächst eine Umsatzperiode fest. Dies kann zum Beispiel das vergangene Jahr oder Halbjahr sein. Danach wird für jeden Kunden ermittelt, wie hoch sein Umsatz in dieser Periode war. Eine Rangreihe wird gebildet. Daraus lassen sich drei Kundengruppen bilden. Kunden mit dem höchsten Umsatzanteil werden als A-Kunden, die restlichen Kunden als B- und C-Kunden bezeichnet.

Die Erfahrung zeigt, dass 20 % der Kunden 80 % der Umsätze generieren (Pareto-Regel). Für Ihren Erfolg ist es entscheidend, dass Sie besonders die A-Kunden an Ihre Firma binden. Gehen Sie für Ihre Kundenkategorisierung nach der folgenden Schritt-für-Schritt-Anleitung vor und passen Sie diese Ihrem speziellen Informationsbedürfnis an.

Gut zu wissen
Die ABC-Analyse ist einfach und eignet sich auch für kleine Imkereien mit weniger als 50 Kunden.

Schritt 1: Kunden auflisten
Der Anfang ist am einfachsten. Alles, was von Ihnen verlangt wird, ist, dass Sie eine Liste Ihrer Kunden erstellen. Sicher haben Sie eine Kundendatei in Ihrer Buchführung, die Ihnen jetzt gute Dienste leistet. Wochen- und Weihnachtsmärkte, sowie Stadtfeste und ähnliche Veranstaltungen nehmen Sie jeweils als einen Kunden auf.

Schritt 2: Kundenumsätze ermitteln
Ordnen Sie jedem Kunden den Umsatz zu, den er in den vergangenen zwölf Monaten gemacht hat. Wenn Sie Ihre Kundenwertrechnung auf eine solche Jahresbasis stellen, hat das den Vorteil, dass Schwankungen oder zufällige Entwicklungen besser ausgeglichen werden. Kaufen einige (gute) Kunden bevorzugt im Sommer nach der Ernte oder in der Vorweihnachtszeit bei Ihnen, und führten Sie Ihre Analyse im 1. Halbjahr durch, würden Sie diese Kunden gar nicht oder nur mit den geringeren „Frühjahrsumsätzen" erfassen und somit falsch beurteilen. In den gängigen Buchführungs-Computerprogrammen erfolgen Erfassung und Zuordnung der Umsätze ebenfalls automatisch, sodass Ihnen auch dieser Schritt wenig Arbeit bereitet.

Schritt 3: Kundenkosten ausrechnen
Ermitteln Sie die direkten Kundenkosten. In der Regel gibt es allerdings nicht sehr viele Kostenpositionen, die Sie einem Kunden direkt zuordnen müssen. Daher hält sich dieser Arbeitsaufwand in Grenzen. Typische direkte, einem Kunden zuordenbare Kosten, sind solche, die durch Belieferung entstehen oder für Werbematerial, das Sie dem Kunden zur Verfügung stellen. Auch Porti und Marktgebühren zählen dazu.

Schritt 4: Kundenwert berechnen

Der Kundenwert liefert Ihnen Aufschluss über den Erfolgsbeitrag einzelner Kunden. Er ergibt sich, wenn Sie von den Umsätzen eines Kunden die direkten Kosten, die der Kunde verursacht hat, abziehen.

Je höher der Kundenwert ist, desto mehr trägt der Kunde dazu bei, Ihre übrigen Kosten zu decken. Somit führen positive Kundenwerte nicht sofort und unmittelbar zu Gewinnen. Sie helfen Ihnen „nur", die nicht kundenbezogenen Kosten wie Miete, Abschreibungen, Steuern etc. zu decken. Je höher die Kundenwerte ausfallen, desto schneller sind Ihre Gesamtkosten gedeckt, um darüber hinaus dann Gewinne zu erzielen.

Es gibt in jeder Imkerei auch Kunden, bei denen die Kosten die Erträge übersteigen. Denken Sie etwa an einen unprofitablen Markt oder einen Hofladen, der weit entfernt von Ihrem Betrieb liegt, der selten und dann auch nur geringe Mengen Imkereiprodukte erwirbt, von Ihnen aber erwartet, dass Sie sich an seinen Hoffesten beteiligen und ihm Werbematerial zur Verfügung stellen. Solche Kunden schmälern Ihren Gewinn und erhöhen Ihren Verlust.

Schritt 5: Kunden sortieren

Die einzelnen Kundenwerte kennen Sie nun. Danach sollten Sie festlegen, in welche Kategorie jeder Kunde gehört. In der Praxis ist es üblich, Kunden, wie auch Produkte, Kosten, Aufgaben oder Mitarbeiter in die drei Kategorien A, B und C einzuteilen:

- **A-Kunden** zeichnen sich durch einen besonders hohen Kundenwert aus. Sie tragen somit entscheidend dazu bei, dass sich Ihr Geschäft tatsächlich rechnet. Ihre Beziehung zu solchen Kunden sollten Sie fördern, wo immer es geht.
- **C-Kunden** sind solche mit einem negativen oder nur sehr geringen Kundenwert. Die sind für Sie uninteressant oder sogar schädlich. Aber Achtung: Trennen Sie sich nicht einfach Hals über Kopf von ihnen!
- **B-Kunden** sind weder besonders gute noch schlechte Kunden. Sie müssen von Fall zu Fall entscheiden, wie Sie mit einem Kunden dieser Kategorie verfahren wollen.

Bei der Einteilung können Sie wie folgt vorgehen: Sortieren Sie Ihre Kunden nach dem ermittelten Kundenwert. Der Kunde mit dem höchsten Kundenwert steht oben, der mit dem niedrigsten Kundenwert unten. Die folgende Einteilung entspricht der allgemeinen Erfahrung:

- Die besten rund 10 % Ihrer Kunden sind Ihre A-Kunden.
- Die nächsten rund 20 % sind Ihre B-Kunden.
- Die restlichen rund 70 % sind Ihre C-Kunden.

So betreuen Sie Ihre A-, B- und C-Kunden angemessen

Nicht die exakte Zahl von A-, B- oder C-Kunden ist für Sie wichtig, sondern dass Sie ein Gefühl für die Verhältnisse und für das Setzen von Prioritäten bekommen. Dann finden Sie für jede Kundengruppe die passende Ansprache und die besten Angebote.

A-Kunden

Damit Ihre Imkerei profitabel arbeitet, müssen Sie unbedingt verhindern, dass die A-Kunden abspringen. Sie sollten Sie in jedem Fall pflegen und fördern, da sie besonders stark zu Ihrem Gewinn beitragen, siehe Foto auf Tafel 8 unten rechts. Folgende Maßnahmen sollten Sie bei A-Kunden bevorzugt umsetzen:

- Betreuen Sie A-Kunden möglichst immer persönlich, entweder in Ihrem Geschäft oder beim Kunden vor Ort.
- Fragen Sie sie regelmäßig, wie zufrieden sie sind und ob sie Möglichkeiten sehen, wie Sie Ihr Leistungsangebot noch verbessern könnten. Das trägt zur Kundenbindung und zu Mehrumsätzen bei.
- Entwickeln Sie möglichst individuelle Lösungen für Ihre A-Kunden, um sie nicht an Mitbewerber zu verlieren. Das können zum Beispiel besonders seltene Honigsorten sein, die Sie nur diesen Kunden anbieten.
- Auch bei den Preisen können Sie Zugeständnisse machen.

Achtung

Kalkulieren Sie aber im Vorfeld, damit Sie wissen, bis zu welchem Preis Sie maximal nach unten gehen können! Überlegen Sie, ob es sich lohnt, Bonusregelungen einzuführen, etwa einen Rabatt ab Erreichen eines bestimmten Umsatzes.

- Bieten Sie spezielle Serviceleistungen an, etwa einen Hol- und Bringdienst, besondere Öffnungszeiten, Schulungen und Führungen durch Ihre Imkerei mit den Mitarbeitern des Kunden an.
- Informieren Sie Ihre A-Kunden immer zuerst über Neuheiten, Veränderungen oder Angebote, um diesen ein Gefühl besonderer Wertschätzung zu geben. Denken Sie an eine Aktion im Stil des Beaujolais primeur: „Der neue Sommerhonig ist geerntet".

C-Kunden

Sie gehören zu den schlechten Kunden Ihres Betriebs, tätigen wenige Käufe und tragen nicht oder nur unwesentlich dazu bei, Ihren Gewinn zu steigern. Sie machen Ihnen viel Arbeit, bringen finanziell aber kaum etwas. Was liegt also näher, als sich möglichst schnell von die-

Zeigen Sie Fingerspitzengefühl

Sehen Sie erst genauer hin, bevor Sie Kunden aussondern! Haben Sie einen gerade erst gewonnen, können Sie noch nicht genau sagen, wie er sich entwickeln wird. Möglicherweise gehört er – abweichend von Ihrer ersten Einschätzung – schon in wenigen Wochen zu Ihren Topstars. Oder Sie haben einen Kunden vor sich, der über einen längeren Zeitraum gar nicht bei Ihnen kauft, dann aber doch wieder einen hohen Betrag umsetzt. Auch in einem solchen Fall ist ein Auslisten wahrscheinlich ein Fehler.

sen Kunden zu trennen, um so mehr Zeit für die profitablen A- und B-Kunden zu gewinnen?

Bei C-Kunden, über die Sie sich im Unklaren sind, ergreifen Sie lieber erst einmal nicht die im Folgenden genannten Maßnahmen. Warten Sie ab, wie sich die Kunden weiterentwickeln.

Trennungsmöglichkeiten

Wollen Sie sich von C-Kunden trennen, geschieht das in der Praxis dadurch, dass Sie diese Kunden nicht mehr aktiv bewerben, ihnen keine besondere Wertschätzung entgegenbringen und preislich keine Zugeständnisse machen – dann werden sie bald von selbst abwandern. Folgende Maßnahmen können Sie bereits beim nächsten neuen Auftrag eines C-Kunden umsetzen. Sie beugen damit aber auch dem Fehler vor, künftig Kunden der Kategorie C anzuziehen. So reduzieren Sie Ihren Aufwand und Ihre Kosten für unrentable Kunden.

- Falls möglich, geben Sie einen **Mindestbestell- oder -auftragswert** vor, der nicht unterschritten werden darf. Oder Sie nehmen Aufträge unterhalb dieses Wertes zwar an, erheben dafür jedoch einen Zuschlag.
- Stellen Sie C-Kunden die **Kosten für Verpackung und Fracht** stets gesondert in Rechnung.
- Während Sie Bestellungen von A-Kunden sofort bearbeiten sollten, können Sie die Bestellungen mehrerer C-Kunden zusammenfassen. Das bedeutet für diese **längere Wartezeiten.**

Tipp

Nennen Sie den Kleinauftrag als Grund für eine verzögerte Bearbeitung des Auftrags, sonst besteht die Gefahr, dass sich die Kunden ärgern und herumerzählen, Sie wären besonders langsam – was auch A- oder B-Kunden abschreckt.

- Verlangen Sie von C-Kunden **Vorauskasse** oder **Barzahlung**.
- Erhöhen Sie für C-Kunden die Preise so, dass sie – falls sie nicht abgeschreckt sind – doch noch profitabel werden.

Beachten Sie: In Zeiten schlechter Auslastung wie in den generell in der Imkerei umsatzschwachen Monaten Januar und Februar können auch C-Kunden dazu beitragen, Ihr Geschäft am Laufen zu halten. Seien Sie dann vorsichtig mit den genannten Maßnahmen.

Das gilt aber nur so lange, wie ein Kunde zumindest noch einen positiven Kundenwert beisteuert. Ist er negativ, verlieren Sie mit diesem Kunden Geld – Sie zahlen die Bestellung also zum Teil aus eigener Tasche!

B-Kunden
bewegen sich „zwischen den Welten". Hier müssen Sie von Fall zu Fall entscheiden, wie Sie diese Kunden künftig behandeln wollen. Tendenziell gilt: Kleinere B-Kunden sollten Sie wie C-Kunden behandeln – wobei Sie die dort genannten Einschränkungen ebenfalls berücksichtigen müssen.

Größere B-Kunden sollten Sie ähnlich wie Ihre A-Kunden behandeln, die für A-Kunden gedachten Maßnahmen aber vielleicht etwas „abspecken":

- Setzen Sie auf telefonische Betreuung statt auf persönliche Gespräche.
- Bieten Sie statt individueller Lösungen immerhin Standardleistungen an, die C-Kunden nicht erhalten (schnellerer Versand, erweiterte Umtauschmöglichkeiten etc.).
- Machen Sie keine individuellen Preise, sondern gewähren Sie nur Nachlässe innerhalb eines von Ihnen vorher festgelegten Rahmens, zum Beispiel maximal 3 % Rabatt plus 2 % Skonto.

Entwicklung beobachten

Wie sich Ihre A-Kunden entwickeln, sollten Sie stets genauestens verfolgen. Sehen Sie sich dazu Umsatz, direkte Kosten und Kundenwert jedes einzelnen A-Kunden mindestens einmal im Quartal an. Der Aufwand hierfür ist relativ gering, weil die Zahl dieser Kunden begrenzt ist. Steigt der Kundenwert, können Sie sich freuen. Sinkt er, müssen Sie sich noch intensiver um die Umsetzung von Maßnahmen zur Kundenbindung kümmern oder Ihre Bemühungen um den Kunden verstärken.

B- und C-Kunden genauso zu verfolgen, lohnt sich wohl nicht. Behelfen Sie sich mit einer Kennzahl, dem durchschnittlichen Kundenumsatz. Zwar wissen Sie jetzt, dass der Umsatz allein nicht viel darüber aussagt, ob ein Kunde zur Steigerung des Gewinns beiträgt. Allerdings ist ein steigender Umsatz zumindest ein deutlicher Hinweis darauf, dass sich Ihr Geschäft positiv entwickelt. So erkennen Sie mithilfe der einfach zu berechnenden Kennzahl auf jeden Fall, in welche Richtung sich Ihr Geschäft insgesamt entwickelt – und dies auch während des laufenden Geschäftsjahres, wenn Sie die Kennzahl monatlich oder pro Quartal berechnen.

Achtung: Wenn Sie diese Kennzahl monatlich bilden, ist der durchschnittliche Kundenumsatz natürlich kleiner als der Jahreswert! Um die Entwicklung besser zu erkennen, sollten Sie die Kennzahl daher immer mit der aus dem gleichen Zeitraum des Vorjahres vergleichen.

Bilden Sie die Kennzahl nach dieser Formel
Durchschnittlicher Kundenumsatz pro Monat = Umsatz pro Monat / Anzahl Kunden pro Monat

Die besten Kundenbindungsinstrumente für Ihre Imkerei

In diesem Buch haben Sie bereits viel über die vier Geheimnisse des erfolgreichen Imkereiprodukteverkaufs gelesen: Es kommt auf das Produkt, den Preis, den Vertrieb und auf die Kundenkommunikation an. Für jedes dieser vier Geheimnisse gibt es die passenden Instrumente, um Ihre Kunden fester an Ihre Imkerei zu binden und sie so vom Abwandern abzuhalten.

Produktpolitik

Hierbei stehen die Produkte oder Dienstleistungen, die Ihr Unternehmen anbietet, im Mittelpunkt. Sie sind der Kern Ihrer gesamten Unternehmensaktivitäten und bilden die Basis Ihres Erfolgs. Bezogen auf die Kundenbindungsinstrumente legen Sie hier Ihren Fokus auf die Verbesserung Ihres Leistungsprogramms und Ihrer Dienstleistungen. Kundenbindung funktioniert hier sehr gut durch

- individualisierte Produktangebote wie persönliche Etiketten oder Aufdrucke mit einem Regional- oder Heimatbezug, der Ihren Kunden wichtig ist.
- besondere Qualitätsstandards, zum Beispiel Honig in verschiedenen Zuständen. So bietet etwa die Imkerei Schemel in Bickenbach (Bergstraße) einen „grob kristallinen Waldhonig“ an. Diesen gibt es nur dort.
- Zusatzleistungen, etwa Beratung zu Hornissen und Wespen. Die Imkerei Honighäuschen in Bonn und die Imkerei am Pflanzgarten in Berlin informieren darüber oder sie siedeln die gelb-schwarzen Verwandten der Honigbiene um.
- Leistungsgarantien wie die Möglichkeit für Wiederverkäufer, entmischten, unverkäuflichen Honig oder solchen mit verblassten Etiketten gegen Neuware umzutauschen.

Preispolitik

Hier stehen der Preis oder die Konditionen Ihrer Leistung im Mittelpunkt des Interesses. Sie legen damit alle vertraglichen Bedingungen fest, die im Zusammenhang mit Ihrem Angebot stehen. Nutzen Sie

Ihre Gestaltungsmöglichkeiten, um Kunden zu binden! Sie errichten damit ökonomische Barrieren für den Wechsel zu einer anderen Imkerei. Schaffen Sie preispolitische Anreize, die für den Kunden ausschlaggebend sind, die Geschäftsbeziehung mit Ihnen aufrechtzuerhalten. Möglichkeiten sind zum Beispiel

- Preisgarantien,
- zufriedenheitsabhängige Preise,
- Rabatte und Bonussysteme,
- Kredite in Verbindung mit Lieferungs- und Zahlungsbedingungen, zum Beispiel Zahlungsziele von drei Wochen, die Ihren Wiederverkäufern ermöglichen, einen großen Teil Ihrer Ware bereits verkauft zu haben, wenn sie die Rechnung zahlen müssen.
- Rabattsammelkarten, die mit einer Rabattgewährung verbunden sind. Ein solcher kann auch ein Naturalrabatt sein, indem Ihre Kunden nach zwölf bezahlten Gläsern das 13. umsonst erhalten.

Kommunikationspolitik
Damit legen Sie Ziele und Maßnahmen fest, damit alle zu Ihrem Angebot gehörenden Informationen beim Kunden ankommen und Ihre Imkerei ein in sich geschlossenes Erscheinungsbild in der Öffentlichkeit abgibt. Sie können die wesentlichen Instrumente der Kommunikationspolitik, wie Werbung, Verkaufsförderung, persönlicher Verkauf, Sponsoring, Messen, Veranstaltungen und Öffentlichkeitsarbeit nutzen. Weitere Möglichkeiten für Kommunikationspolitik sind

- Kundenzeitschriften, die Sie über den Deutschen Imkerbund beziehen können.
- Telefonmarketing, indem Sie Liebhaber einer bestimmten Sorte sofort per Telefon informieren, dass *ihre* Sorte wieder lieferbar ist.
- Beschwerdemanagement.
- persönliche Kommunikation.
- Mailings mit sehr individuellen Informationen, die einen hohen Nutzwert für den Kunden haben.
- kundenspezifische Kommunikationskanäle wie ein Tweet über Twitter an Ihre Follower.

Distributionspolitik
Damit treffen Sie alle Entscheidungen und Verhandlungen im Zusammenhang mit dem Weg eines Produktes vom Hersteller bis zum Endverbraucher. Dazu haben Sie vielfältige Möglichkeiten. Im Handel stellt sich etwa die Frage, ob die Produkte in einer klassischen Verkaufsstätte verkauft werden sollen oder ob die Ware direkt zum Kunden gebracht wird wie beim Internethandel, bei der die Ware direkt zum Kunden nach Hause geschickt wird. Die verschiedenen Möglich-

keiten der Distribution schließen sich nicht zwangsläufig gegenseitig aus. Sie können Kombinationen oder mehrere Möglichkeiten parallel anbieten. An diese knüpfen auch die Instrumente der Kundenbindung an:

- Onlinebestellung,
- Katalogversand,
- Direktbelieferung,
- ein eigener Hofladen,
- die Nutzung einer oder mehrerer Filialen eines Wiederverkäufers. Indem ein Händler Ihre Ware ins Programm nimmt, bindet er seine Kunden an Ihre Imkerei.

Es geht auch anders: Der Liefervertrag

Kundenbindung beruht in den meisten Fällen darauf, dass Kunden immer wieder von neuem freiwillig bei Ihnen Imkereiprodukte kaufen. Inzwischen gibt es zahlreiche Beispiele dafür, wie Imker Verbraucher zwangsweise dazu bringen, regelmäßig Honig zu kaufen. Dies geschieht durch einen langfristigen Liefervertrag.

Solche Verträge funktionieren alle nach dem gleichen Prinzip: In einem gefühlsbetonten Text erfährt der Kunde zunächst, wie wichtig die flächendeckende Versorgung mit Bienen für die Bestäubung von Kultur- und Wildpflanzen ist. Dann wird ihm eine Patenschaft für ein Bienenvolk angeboten.

Geht er auf das Angebot ein, erhält er eine Urkunde, Informationsmaterial über „seine" Bienen und jährlich eine überschaubare Menge Honig aus der Imkerei. Auf Wunsch wird dieser Honig mit einem persönlichen Etikett bedruckt.

Durch die Patenschaft, regelmäßige Informationen aus der Imkerei und das individuelle Etikett entsteht eine Kommunikation, die eine große Nähe zwischen der Imkerei und ihren Kunden erzeugt. So sind diese bereit, mitunter astronomische Preise, zum Beispiel 35 € (für 350 g) zu bezahlen, und dies aufgrund des Liefervertrags sogar regelmäßig (www.beegood.de; www.bienenpate.de; www.immenhof-ev.de).

Tipp

Die vertragliche Kundenbindung ist sehr effektiv. Denn sie übt einen Kaufzwang auf den Kunden aus, den dieser aber im Idealfall überhaupt nicht so empfindet. Entsteht beim ihm jedoch eine Unzufriedenheit, ändert sich dies schlagartig. Der Kunde wird sofort nach Ablauf der Bindungsvereinbarung abwandern. Nachhaltiger als Zwang wirkt immer eine freiwillige Kundenbindung!

Werden Sie noch besser durch Beschwerden

Dass bei einer engen Imker-Kundenbindung ein Kunde den einen oder anderen Satz sagt, der Ihnen nicht gefällt, ist ganz normal. Beschwerden gehören zum Imkeralltag:

- „Der Honig war mir zu süß. Der klebte ja am Gaumen."
- „Der Honig war hart" oder „Der Honig wurde hart"
- „Der Kastanienhonig war mir zu bitter."
- „Der Buchweizenhonig hat furchtbar gerochen."
- „Das Volk, das Sie mir verkauft haben, ist geschwärmt".
- „Von Ihren Völkern ist bei mir keins durch den Winter gekommen."
- „Die Königin von Ihnen wurde nicht angenommen."
- „Die Kerze hat nicht richtig gebrannt."
- „Die Kerze hat nach einigen Monaten einen hässlichen weißen Belag bekommen."

Das alles ist unangenehm, denn Sie wünschen sich ja zufriedene Kunden. Noch unangenehmer ist es jedoch, wenn ein unzufriedener Kunde sich nicht beschwert. Denn dann bleibt er einfach weg – und erzählt seinen Ärger weiter. Umfragen belegen: Ein unzufriedener Kunde erzählt zwölf bis 15 Personen von seinem „unangenehmen Erlebnis". durch das Internet kann er seine Unzufriedenheit sogar einem Millionenpublikum mitteilen. Das bedeutet für die Betroffenen: Nicht nur er selbst ist als Kunde verloren, er hält auch andere von der Imkerei fern!

Obwohl diese Zusammenhänge bekannt sind, reagieren viele Imker auf Beschwerden verunsichert, im schlimmsten Fall sogar barsch: „Kastanienhonig ist nun mal bitter!" oder „Ich habe Ihnen gesunde Völker geliefert. Wenn die eingehen, ist das nicht meine Schuld."

In fünf Schritten zu zufriedenen Kunden

Wenn Imker schroff reagieren, liegt das daran, dass Sie die Beschwerde mit zusätzlichen Kosten in Verbindung bringen. Sie meinen, der Kunde wolle den eigenen Fehler auf den Imker abwälzen und empfinden daher Beschwerden als Ärgernis. Gehen Sie mit einer Beschwerde professionell und souverän um.

1. Schritt: Verständnis zeigen

Die Situation: Ein aufgebrachter Kunde kommt zu Ihnen und beschwert sich. An diesem Punkt ist es noch völlig unwichtig, ob der Kunde Recht hat oder nicht. Wichtig ist nur, dass Sie ihm auf der Gefühlsebene begegnen und Verständnis für seinen Ärger aufbringen.

Vermeiden Sie dabei das abgedroschene „Tut mir Leid". Sprechen Sie stattdessen von „verstehen" und „Verständnis", etwa: „Für Ihre Enttäuschung habe ich Verständnis" oder:

„Ich kann Ihren Ärger verstehen". Achten Sie dabei auch auf Ihre Stimmlage, denn es kommt nicht nur darauf an, was Sie sagen, son-

Wichtig

Lassen Sie Ihren Kunden ausreden, unterbrechen Sie ihn nicht. Hören Sie ihm aufmerksam zu. Schauen Sie ihn an und zeigen Sie Interesse. Beginnen Sie Ihre Erwiderung damit, Anteilnahme zu zeigen und die Gefühle Ihres Kunden anzusprechen.

dern auch, wie Sie es sagen. Erzeugen Sie ein positives Gesprächsklima.

So gelingt es Ihnen, den aufgebrachten Kunden „herunterzuholen". Sprechen Sie bewusst langsamer und tiefer als der Kunde. Das strahlt Ausgeglichenheit und Ruhe aus. Geben Sie eine Absichtserklärung ab. Sagen Sie: „Ich möchte Ihnen helfen." „Mir kommt es darauf an, dass Sie zufrieden sind."

Tipp

Manchmal kommt es vor, dass sich Kunden bei Ihnen beschweren und Sie gar nicht gemeint sind. „Ich habe beim letzten Stadtfest vor einem Jahr bei einem Imker Honig gekauft und der war ..." Selbst wenn Sie vor einem Jahr gar nicht auf dem Stadtfest waren, verfahren Sie nach dieser Anleitung. Sagen Sie dann in etwa: „Ich möchte, dass Ihnen deutscher Honig wieder schmeckt."

2. Schritt: Sachverhalt klären

Denken Sie daran, ein wütender Kunde beschreibt den ihm entstandenen Schaden oft einseitig, übertreibt stark oder lässt wichtige Aspekte aus. Deshalb sollten Sie nachfragen. Stellen Sie dabei möglichst offene Fragen, um mehr Hintergrundinformationen zu bekommen.

Tipp

Offene Fragen werden auch W-Fragen genannt, weil sie mit den Fragewörtern „wie", „was", „wo", „wann", „welche" beginnen. Offene Fragen kann der Kunde nicht mit einem einfachen Ja oder Nein beantworten, sie aktivieren ihn vielmehr, einen vollständigen Antwortsatz zu formulieren.

Bringen Sie Ihren Kunden zum Reden, indem Sie zum Beispiel fragen: „Wo haben Sie denn den Honig aufbewahrt?" oder: „Wie haben Sie die Königin dem Volk zugesetzt?"

Ist der Kunde sehr aufgebracht, notieren Sie sich einige Stichpunkte auf einem Zettel oder in Ihrem Notizbuch/Imkerkalender. („Damit ich keine Einzelheit vergesse, erlauben Sie mir, gleich mitzuschreiben"). Ein verärgerter Kunde fühlt sich ernst genommen, wenn er sieht, dass seine Beanstandung notiert wird. Er bemüht sich, Übertreibungen zu unterlassen. Verzichten Sie aber unbedingt auf ein vorbereitetes „Beschwerdeformular". Sie hinterließen sonst beim Kunden den Eindruck, es gäbe häufig Reklamationen bei Ihnen. Das ist nicht vertrauenfördernd für Ihre Imkerei!

3. Schritt: Lösung anbieten

Ihr Lösungsvorschlag sollte Ihren Kunden sofort überzeugen. Bemühen Sie sich um individuelle Regelungen der Beschwerde. Lösungen nach „Schema F" sind zur Erhaltung der Kundenzufriedenheit meist ungeeignet. Geben Sie ihm zum Beispiel einen Tipp: „Stellen Sie den Honig in den Küchenschrank" oder „Machen Sie den Honig in einer Schüssel mit heißem Wasser wieder flüssig."

Tipp
Hören Sie dem Kunden genau zu und geben Sie ihm das Gefühl, dass er mit seiner Beschwerde willkommen ist

Die vorgeschlagene Lösung muss für den Kunden optimal sein. Natürlich können Sie einem Kunden keine Königin schenken, aber vielleicht machen Sie ihm ein gutes Angebot – bei dem Sie auch noch etwas verdienen – für eine neue Königin. Erklären Sie ihm, wie er eine Königin so zusetzen kann, dass sie auch angenommen wird.

4. Schritt: Kontrollanruf machen

Ein unzufriedener Kunde ist erst dann wieder zufrieden, wenn er dies ausdrücklich bestätigt. Besonders gut eignet sich dafür ein Kontrollanruf. Das hat für beide Seiten Vorteile: Der Kunde fühlt sich gut betreut, und sein Vertrauen zu Ihnen wächst.

Im Gegenzug erhalten Sie wertvolle Informationen über Ihr Beschwerdemanagement und den Grad der Zufriedenheit Ihres Kunden. Fragen Sie: „Wie zufrieden waren Sie mit der Lösung?" oder „Wie sind Sie mit meinem Tipp zurecht gekommen?" und „Was hätten wir besser machen können?"

5. Schritt: Konsequenzen ziehen

Betrachten Sie Beschwerden als Zeichen dafür, dass Ihr Kunde andere Erwartungen an das Imkereiprodukt hatte. Dann erkennen Sie in der Beschwerde die Möglichkeit, Ihre Kunden besser kennenzulernen und an sich zu binden. Jede Beschwerde sagt Ihnen etwas über die Beziehung des Kunden zu Ihrem Produkt. Nutzen Sie also Beschwerden dazu, Ihr Produkt zu verbessern. Hier sind einige Beispiele:

Sagt der Geschmack des Honigs dem Kunden nicht zu, hilft beim Verkaufen ein Zusatzetikett oder eine mündliche Erklärung, dass der Honig durch einen sehr speziellen Geruch oder Geschmack charakterisiert ist und für ihn die Möglichkeit besteht, ihn zu kosten: „Bei mir kaufen Sie die Katze nicht im Sack!"

Wenn sich ein Ableger oder eine Königin nicht so entwickelt wie vom Kunden gewünscht, dann liegt das in den meisten Fällen nicht an den Tieren. Hier hilft eine geschriebene Anleitung, wie Ableger gefüttert oder Königinnen zugesetzt werden sollten.

Beschwerden helfen weiter

Ist die Beschwerde nicht bereits auf den ernsten Blick berechtigt, etwa weil ein Honig gärt, kann trotzdem Ihr Imkereiprodukt noch nicht ausgereift sein. Betrachten Sie es dazu nicht isoliert, sondern stets als Paket, also im Zusammenhang mit Verpackung, Lieferzeit, Produktinformationen und so weiter. Oft ist das Produkt in Ordnung, doch es leidet mit darunter, wenn der Kunde mit dem Drumherum unzufrieden ist. Vor diesem Hintergrund ist es sehr wichtig, dass Sie Beschwerden ernst nehmen und daraus Verbesserungen entwickeln.

Service

Literatur

Hans Domizlaff, Die Gewinnung des öffentlichen Vertrauens. Ein Lehrbuch der Markentechnik, Hamburg: 7. Aufl. 2005

Marc-Wilhelm Kohfink, Die simplify-Marketingstrategie. 48 Ideen für Ihr Unternehmen, Bonn: 2008

Marc-Wilhelm Kohfink, Bienen halten in der Stadt, Stuttgart: 2010

Volker Trommsdorff, Biene 2000, Studie der TH Berlin, Berlin: 2000

Manfred Bruhn, Kundenorientierung. Bausteine für ein exzellentes Customer Relationship Management, München: 2007

Adressen

BBE Handelsberatung GmbH,
Brienner Straße 45,
80333 München;
Tel: 089-55218-0,
E-Mail: info@bbe.de,
Internet: http://www.bbe.de

Deutscher Imkerbund e.V.,
Villiper Hauptstraße 3,
53343 Wachtberg,
Telefon: 0228 / 93 292-0,
Fax: 0228 / 32 10 09, E-Mail:
deutscherimkerbund@t-online.de,
Internet:http://www.deutscherimkerbund.de

EHI Retail Institute GmbH;
Spichernstraße 55,
50672 Köln,
Telefon: 0221/5 79 93-0,
Telefax: 0221/5 79 93-45,
E-Mail: info@ehi.org.,
Internet: http://www.ehi.org

Gesellschaft für Konsumforschung SE,
Nordwestring 101,
90419 Nürnberg,
Telefon: 0911 395-0,
Telefax: 0911/395-2209,
E-Mail: gfk@gfk.com,
Internet: http://www.gfk.com/

Internet

http://www.lohas.de/
http://www.pos-kompakt.net
http://www.euroshop.de
http://www.ifhkoeln.de/ifh-newsletter.php

Die 25 wichtigsten Hilfsmittel für eine erfolgreiche Vermarktung von Imkereiprodukten

Oft kommen Einladungen zu Märkten, Ausstellungen oder Vorträgen für Sie als Imker kurzfristig und unvermittelt. Dann ist es gut, wenn Sie über eine Grundausstattung für die Vermarktung verfügen. Hier ist eine Liste von 25 Gegenständen, die sich für diese Fälle bewährt haben.

Hilfsmittel	Bemerkung
Aufklappbarer Verkaufs-/ Präsentationstisch	Verlassen Sie sich nicht darauf, dass überall für Sie ein Tisch zur Verfügung steht. Bringen Sie besser selbst einen mit, auf dem Sie eine kleine Auswahl ihres Angebots zeigen können. Ein solcher Tisch ist unersetzbar überall wo mögliche Kunden sind. Denken Sie z. B. an private Feiern oder Betriebsfeste. (Vorher Gastgeber fragen!)
Briefpapier	Sie brauchen kein gedrucktes Briefpapier. Legen Sie sich eine Vorlage im Computer an, die Sie immer dann nutzen, wenn Sie als Imker Briefe schreiben. Genauso legen Sie sich ein E-Mail-Konto an.
Checklisten	Aufstellungen, die Sie im Bedarfsfall nur abzuhaken brauchen, sind eine große Erleichterung, wenn Sie nur ab und zu auf Märkte gehen. Ohne Checkliste wird es immer wieder vorkommen, dass Sie Sachen vergessen, die Sie nachher auf dem Markt bitter vermissen.
Dekorationsartikel	Ein Tischchen mit Ware wird zum Hingucker, wenn Sie ihn mit einem auffälligen Dekorationsgegenstand schmücken. Stellen Sie z. B. ein Bienenkorb, ein honigleckender Teddybär oder eine Figur des Heiligen Ambrosius auf.
Honigbonbons	Menschen, die Süßes lieben, greifen gerne zu, wenn Sie eine offene Schale mit Honigbonbons oder -gummibärchen aufstellen. Bonbons sind ein gutes Hilfsmittel, um Menschen in ein Gespräch zu verwickeln.
Imkerlicher Vortrag, z. B. „Gesundes aus dem Bienenvolk“	Ein oder zwei Standardvorträge zu imkerlichen Themen helfen Ihnen aus der Verlegenheit, wenn Sie zu einem Vortrag z. B. in eine Seniorentagesstätte eingeladen werden.
Internetauftritt	Imker sind gesucht. Machen Sie es möglichen Kunden einfach, Sie zu finden. Anbieter wie 1x1 oder Strato haben Web-Visitenkarten im Programm, die es Ihnen ermöglichen für 1 €/Monat im Internet gefunden zu werden.
Kurzbeschreibungen der Produkte	Beschreiben Sie Ihr Sortiment in einem Faltblatt, das immer dann zum Einsatz kommt, wenn Sie nicht selbst zugegen sind. Schreiben Sie die Preise in eine separate Preisliste.
Kurzportrait	Wer sind Sie und was machen Sie anders als andere Imker? Ein Kurzportrait ist eine Kurzbeschreibung über Sie und Ihre Imkerei.
Leerer, gut gepflegter Bienenkasten mit Deckel	Eine unbesetzte Beute kann vielfältig eingesetzt werden: als Verkaufstheke, Rednerpult, Dekoartikel oder einfach als Anschauungsstück, worin Ihre Bienen wohnen. Die Beute darf benutzt aber nicht schäbig sein.
Muster der bei Ihnen erhältlichen Kerzen	Bienenwachskerzen verblassen und bekommen weiße Flecken. Daher ist es oft nicht sinnvoll, einen großen Kerzenvorrat anzulegen. Trotzdem sollten Sie von jeder Ihrer Kerzen ein Muster haben, um es Kunden zeigen zu können.
Muster-/Probierkoffer	Wie schmeckt Ihr Honig? Zeigen Sie es und stellen Sie einen fertig gepackten Probierkoffer zusammen, den Sie nur noch ergreifen müssen, wenn Sie zu Wiederverkäufern fahren.
Preisliste	Speichern Sie eine Preisliste als Vorlage im PC. Auf eine Preisliste gehören nur Waren, die Sie auch tatsächlich noch anbieten können. Besteht die Gefahr, dass Sie im Laufe des Jahres bei manchen Sorten ausverkauft sind, ändern Sie die Preisliste, bevor Sie diese an Kunden weiterreichen.

Hilfsmittel	Bemerkung
Pressebilder	Sie erleichtern Journalisten, die über Sie berichten möchten, die Arbeit, wenn Sie einige Pressefotos vorrätig haben. Diese zeigen Sie in einer typischen imkerlichen Situation z. B. beim Durchschauen Ihrer Bienenvölker.
Probiergläser für die Verkostung von Met	Es gibt Met in ganz verschiedenen Geschmacksrichtungen. Das wissen auch Mettrinker. Daher ist es sinnvoll, den Met zum Verkosten in kleinen Probiergläsern auszuschenken.
Probierlöffel und -gläser mit den Honigsorten	Sie verkaufen Ihren Honig besser, wenn Sie Ihre Kunden kosten lassen, so dass sie sich von der Qualität Ihrer Ware überzeugen können. Eislöffel, hölzerne Kaffeeumrührer oder Teelöffel aus Kunststoff erfüllen diesen Zweck.
Saubere Imkerkleidung	Wenn sich Besuchergruppen oder Journalisten anmelden, sollten Sie eine gute Figur machen. Ihre Imkerbekleidung bei solchen Terminen muss nicht unbenutzt aber sauber sein!
Schaukasten	Geben Sie Ihren Besuchern und Kunden einen Einblick, wie es im Bienenvolk zugeht. Nichts wirkt dabei so beeindruckend wie ein Blick in einen mit Bienen besetzten Schaukasten.
Schutzbekleidung für Besucher	Selbst wenn Sie die friedlichsten Bienen der Welt haben, empfiehlt es sich, dass Sie Besuchern einen einfachen Stichschutz anbieten. Sie nehmen ihnen die Angst und ermöglichen so einen ungestörten Besuch beim Imker.
Stempel	Einen Stempel mit Ihrer Adresse benötigen Sie z. B. für handschriftliche Quittungen.
Transportable Schleuder	Eine kleine transportable Schleuder ist ein schönes Schau- und Dekorationsstück.
Visitenkarte	Händigen Sie Menschen, denen Sie von Ihrer imkerlichen Tätigkeit berichten, eine Visitenkarte aus und ermöglichen Sie diesen, unkompliziert mit Ihnen in Kontakt zu treten.
Voll verdeckelte Honigwabe	Eine reife Honigwabe ist mehr als nur ein attraktives Dekorationsmittel. An ihr können Sie erklären, worin Ihre besondere Leistung als Imker besteht, weil sie aus solchen Waben Honig gewinnen.
Werbeschild, -plane oder -fahne	Ein attraktives Firmenschild ist unersetzlich für jeden Marktstand. Fahnen mit dem Einheitsglas des Deutschen Imkerbundes oder eine Werbeplane sind gute Werbemittel an Tagen der offenen Tür oder ähnlichen Events, bei denen Ihre Imkerei im Mittelpunkt steht.
Zertifikat	Mit einem an gut sichtbarer Stelle aufgehängten Zertifikat, z. B. über die Teilnahme an einer Honigschulung, weisen Sie dezent auf Ihre imkerlichen Kenntnisse hin.
Außerdem wichtig:	
Hausgrafiker	Wenn trotz einer guten Ausstattung mit Werbemitteln einmal ganz schnell neues Material gebraucht wird, hilft der kurze Draht zu einem Werbegrafiker, der Ihre Imkerei kennt und Ihre Ideen schnell umsetzen kann.

Register

Bildquellen

matton-images/Phovoir: Titelfoto

Alle Fotos stammen vom Autor außer Tafel 1 Position oben links: Michael Grolm, Tonndorf

Die Grafiken fertigte Helmuth Flubacher, Waiblingen, nach Vorlagen des Autors und aus der Literatur.

Impressum

Bibliografische Information der Deutschen Nationalbibliothek
Die Deutsche Nationalbibliothek verzeichnet diese Publikation in der Deutschen Nationalbibliografie; detaillierte bibliografische Daten sind im Internet über http://dnb.d-nb.de abrufbar.

Wollgrasweg 41, 70599 Stuttgart (Hohenheim)
E-Mail: info@ulmer.de
Internet: www.ulmer.de
Lektorat: Dr. Eva-Maria Götz
Herstellung: Gabriele Wieczorek
Umschlagentwurf: red.sign, Anette Vogt, Stuttgart
Satz: BUCHFLINK Rüdiger Wagner, Nördlingen
Druck und Bindung: Graph. Großbetrieb Friedrich Pustet, Regensburg
Printed in Germany

ISBN 978-3-8001-5743-3